CW01459363

MARTINE FALLON

BOMBE ÉNERGÉTIQUE

Luc Pire

Toutes les photographies de cet ouvrage ont été prises par **Steven Ledoux**, à l'exception du portrait en couverture **(Pierre Troyanowski)** et du portrait en page 8 **(Lucien Duval)**.

Relecture des textes : **Francine Burlet**

Luc pire

Bombe énergétique

© Tournesol Conseils sa
Quai aux Pierres de Taille, 37-39 - 1000 Bruxelles
www.lucpire.eu

Mise en page intérieur : Bonaffini Emmanuel
Mise en page couverture : Bonaffini Emmanuel

Imprimé à Eupen (Belgique)

ISBN : 9782507001902
Dépôt légal : D/2009/68401/38

Cet ouvrage ne peut être reproduit ni rendu public de quelque manière que ce soit, par impression, photocopie, sur support électronique ou par tout autre moyen, sans l'accord écrit préalable de l'éditeur.

MARTINE FALLON

BOMBE
ÉNERGÉTIQUE

80 nouvelles recettes
gourmandes pour devenir beau, drôle,
mince, jeune, audacieux et intelligent,
ou le rester si on l'est déjà !

luc pire

> « Quoi que je fasse, que l'amour croisse dans ma vie. »
>
> Aura-Soma, *Commentaire sur le Rouge*, I. Dalichow

À Françoise Van de V.,
ma sorcière toute blanche, et pour son goût immodéré du rouge.

À Dilou et Doudou,
mes deux petites bombes qui font juste « boum ! » un peu trop souvent...

À Philippe et Martine,
pour leur précieux soutien, même s'ils y ont perdu quelques kilos !

À Marie,
pour son nid merveilleux au cœur du Lubéron où tout a commencé.

En couverture :
la grenade, un fruit à dégoupiller de toute urgence !

« Le jus de grenade est utilisé dans la médecine perse depuis des millénaires. Ses propriétés anti-inflammatoires et antioxydantes sont désormais prouvées, ainsi que sa capacité à réduire considérablement la croissance du cancer de la prostate (entre autres), y compris dans ses formes les plus agressives. Chez l'homme, la consommation quotidienne du jus de grenade diviserait par trois la vitesse de propagation de cancers établis de la prostate. »

Anticancer, **Dr David Servan-Schreiber**, éd. Robert Laffont, 2007

INTRODUCTION

« Sois ce changement que tu voudrais voir dans le monde. »

Ghandi

Depuis peu, on mange déjà drôlement intelligent*.
On a appris à éviter les aliments trop acidifiants, qui oxydent le corps et le font vieillir, à sélectionner des produits frais de saison ni dénaturés ni pollués, à les associer correctement et à les cuisiner de telle sorte qu'ils conservent le maximum de leur potentiel nutritif.

On s'est aussi réconciliés avec les légumes et les fruits (1 kg par jour), on sait choisir de bons acides gras, des céréales complètes et des protéines de qualité. On sait qu'on doit éviter les graisses dénaturées, les sucreries, les produits industrialisés, les plats mijotés ou réchauffés, les laitages en excès et les excitants tels que le café et les alcools.

On a redécouvert, en farfouillant dans les annales de médecine chinoise, la relation magique entre les saveurs et nos humeurs et veillons depuis lors à restaurer dans notre assiette l'équilibre des cinq parfums en tenant compte des saisons et de nos états d'âme. Sans en faire une religion.

De là à ce que notre machine intérieure, bichonnée, se mette à ronronner comme un moteur de Ferrari, il y a toutefois encore du chemin à faire… Nous commençons juste à prendre conscience de l'immense potentiel énergétique que cette nouvelle voie alimentaire permet de réveiller en nous.

* Voir MA CUISINE ÉNERGIE, du même auteur, Luc Pire, 2008.
Les initiales MCE utilisées dans cet ouvrage renvoient à la présente édition.

Car si notre assiette nous rend malade, elle peut aussi nous redonner la vie et nous aider à nous transformer en bombe énergétique. À nous de choisir. Inutile pour autant d'en faire tout un plat… Pas question de cautionner les talibans du nouveau puritanisme alimentaire, pour qui le seul fait de se nourrir devient malédiction ou sacerdoce!

Il faut en finir tout autant avec l'obsession de « manger maigre » relayée par les médias. Et refuser de se soumettre aux régimes draconiens, immanquablement suivis de leurs séances d'agapes compensatoires, qui font osciller notre balance autant que nos humeurs, entre frustration et culpabilité. Aux oubliettes enfin le diktat de la femme idéale, mince à n'importe quel prix : une arnaque collective, une chimère dangereuse qui obsède les adolescentes au point qu'elles en oublient d'être elles-mêmes…

Se nourrir doit (re)devenir un plaisir naturel, un acte d'amour basé sur les valeurs de générosité, partage et respect de soi, des autres et de la nature. La chasse aux toxines remplace la traque aux graisses et calories. La vitalité de nos aliments, les modes de cuisson respectueux, les bonnes associations et la gourmandise font échec et mat à la dictature de la restriction alimentaire.

Minces et beaux, nous le deviendrons immanquablement, dès que nous aurons intégré que nos kilos en trop et nos problèmes de santé proviennent d'une surcharge de molécules non métabolisables que nous peinons à évacuer. Nos pratiques alimentaires inadaptées, chargées de polluants et de nutriments énergétiquement morts transforment nos organismes en véritables poubelles. Un œuf de batterie, un yaourt maigre au lait dénaturé, une mayonnaise light ou une boisson à l'aspartam, une salade de riz blanc, un verre d'eau du robinet, un plat cuit au micro-ondes ou sur une plaque à induction sont non seulement les partenaires de nos bourrelets, mais aussi de notre mal-être.

Jeunes, nous le resterons en appliquant sur des aliments sains, la règle de l'équilibre acide-base qui neutralise l'oxydation et garantit cette jeunesse cellulaire tant convoitée. Elle sera entretenue par un bon fonctionnement intestinal – bonjour les « jolies brunes » ! –, par la prise ponctuelle de compléments naturels qui rechargent nos accus, par la pratique régulière de cures détox* et par une bonne oxygénation du corps et de l'esprit, le plaisir du mouvement et des émotions justes. Quant à notre eau, elle redeviendra une source incroyable de bien-être et de vitalité, pour peu qu'on la choisisse vivante et originelle.

Intelligents et drôles, nous le redeviendrons dès que nous aurons compris la relation prioritaire entre le contenu de notre assiette et le bon fonctionnement de nos neurones.

Enthousiastes, audacieux, sympathiques, amoureux et entreprenants aussi, c'est évident, puisque ces dispositions d'esprit découleront inévitablement d'un cerveau bien construit, d'un intestin bien traité et d'accus bien rechargés.

Heureux enfin, ayant acquis ces certitudes et celle, primordiale, de rester dans le plaisir afin de jouer le jeu de l'harmonie à fond et pour de bon. Un jeu qui, loin d'être psycho-rigide, admet quelques exceptions, voulues ou non. Une choucroute garnie au restaurant, avec ceux que l'on aime, est moins acidifiante qu'un riz-légumes vapeur mangé seul en boudant dans sa cuisine !

Les enjeux sont de taille et dépassent de loin notre souci de bien-être personnel.

L'avenir de nos enfants, que nous continuons à concevoir chaque jour, et celui de la planète exigent que l'on revoie au plus vite notre copie.
Il y a urgence.

Merci d'en prendre conscience. Dans le nid familial et au sein de chaque gouvernement, dans les entreprises et les médias, les cantines scolaires ou les résidences collectives, hôpitaux et maisons de retraite compris.

Ce petit livre rouge propose une réelle révolution au cœur de notre assiette et au cœur de nous-mêmes. Puisse-t-il être aussi une étape dans cette prise de conscience responsable et citoyenne des nouveaux enjeux alimentaires qui nous interpellent aujourd'hui. Une étape qui se veut avant tout facile, naturelle, gourmande et raffinée. Pour que l'envie d'une cuisine vitale nous revienne aussi droit au cœur.

Cabrières d'Avignon, mars 2009.

DU MATÉRIEL DE PRO

Rien de plus simple. Pour travailler vite et bien et devenir des pros de l'énergétique gourmande, on s'équipe d'appareils de pointe ultra-performants et inoxydables.

EAU : FILTRATION : OSMOSEUR INVERSE ou CRUCHE FILTRANTE
 + VITALISEUR d'eau

EXTRACTEUR À TARTRIERE (vis) et non centrifugeuse

BLENDER professionnel (petit ou grand format)

CUISEUR À RIZ/CUIT VAPEUR et WOK

DÉSHYDRATEUR

Renseignements : www.cuisine-energie.be

MARRE
D'ACIDIFIER...

« L'acte alimentaire détermine 70% des maladies. »

Dr Jacques Fradin

L'un des piliers de la cuisine de l'énergie consiste à éviter les mauvaises fréquentations, celles, par exemple, des aliments acides et acidifiants, déminéralisants et qui oxydent nos cellules. On leur préfère, de loin, les aliments de nature basique, issus de l'agriculture bio ou artisanale, non toxiques et si riches en nutriments essentiels, enzymes, vitamines et minéraux, dont notre assiette traditionnelle se trouve cruellement privée.

Dans *Ma cuisine énergie*, nous avons appris également à choisir des fruits et des légumes de saison, cueillis à terme et non précipités dans leur croissance ou prélevés encore verts, ce qui augmenterait leur acidité. Nous savons les associer idéalement, les cuisiner de telle sorte qu'ils conservent leur potentiel minéral et vitaminique.

Nous avons intégré que les glucides lents (céréales complètes) se consomment plutôt le matin car ils contiennent des acides faibles qui s'évacuent via les poumons et la (bonne) respiration, alors que les protéines se mangent plutôt le soir car elles produisent des acides forts qui sont évacués par les reins, lesquels travaillent mieux lorsque nous sommes allongés.

Enfin, nous savons qu'il vaut mieux, notamment en cure détox, dissocier protéines et céréales, puisqu'elles nécessitent, pour être métabolisées, l'apport d'enzymes basiques (céréales-ptyaline) ou acides (protéines-pepsine) qui se neutralisent et donc troublent le bon fonctionnement intestinal.

Bref, nous mangeons déjà drôlement intelligent.

Mieux encore. Non contents de reconsidérer leur assiette, certains d'entre nous ont déjà compris la nécessité de reconsidérer aussi leur quotidien. De donner priorité à une promenade au grand air, de planifier au moins une activité sportive douce (attention aux sports trop violents et acidifiants) voire du yoga, taï chi, chi quong ou de la méditation, puisque ces techniques permettent de relativiser les tumultes de la vie et donc d'éloigner le stress omniprésent, même au fin fond du Larzac !

Je prends soin de moi, je fais de l'exercice.
N'est-ce pas suffisant pour rester jeune,
mince et en forme ?

Non. Notre état cellulaire dépend directement de nos choix alimentaires. On classe les aliments en trois groupes : acides, acidifiants ou alcalins (basiques). Tout ce qui est acide est par définition corrosif (par ex. le vinaigre blanc qui dissout les dépôts calcaires, le ketchup qui nettoie les casseroles en cuivre ou le soda qui désagrège un morceau de viande). Les aliments acides contiennent des minéraux acides : le soufre, le chlore, le phosphore, le fluor, l'iode ou la silice. Les aliments basiques ou alcalins contiennent, eux, des minéraux alcalins : magnésium, potassium, calcium, sodium, fer, manganèse, cobalt et cuivre.
Les noisettes, riches en phosphore, sont plutôt acides alors que les amandes, riches en calcium, sont basiques.

Le taux d'acidité varie d'un nutriment à l'autre et, pour le même aliment, d'une saison à l'autre, selon son état de maturité et de fraîcheur ou la quantité des impétrants chimiques qu'il a absorbée. La tomate non bio ou cueillie en hiver est acide. Elle est en revanche plus douce que la rhubarbe et tout à fait fréquentable en été.

Attention au piège : impossible de reconnaître les aliments acides ou acidifiants au goût ! Les céréales sont en majeure partie acides alors qu'elles ont une saveur douce-amère. Les oranges, dont nous raffolons le matin, sont très acides. Sans parler du sucre blanc, ennemi public n°1 et pur acide.

Les méthodes de conservation, de préparation et de cuisson seront aussi primordiales : des aliments riches en bases, comme les brocolis par exemple, perdront leurs atouts lorsqu'ils sont cuits trop longtemps ou à une température trop élevée. Idem pour les plats mijotés, voire réchauffés.

D'où l'intérêt de consommer des jus de légumes crus et de privilégier ceux pressés par extraction plutôt que par centrifugation, seule technique capable de conserver intacte leur teneur en enzymes, vitamines et minéraux, et donc en bases. Pour être neutralisé, un acide a besoin de s'associer à une base. Leur association va créer des sels neutres qui permettront aux acides d'être évacués. Un sel neutre, comme son nom l'indique, n'est plus ni basique, ni alcalin. C'est donc le subterfuge que notre organisme utilise, à ses dépens, pour neutraliser ses excès d'acidité et empêcher de ce fait la modification du pH sanguin qui serait mortelle.

Il prélèvera donc les bases disponibles dans ses réserves tissulaires, induisant de ce fait déminéralisation et déséquilibres importants, avec une cohorte de troubles touchant notamment le squelette (fractures spontanées, ostéoporose, rhumatismes, sciatique) et les dents (caries). Les enfants et ados ne sont évidemment pas à l'abri, au contraire.

L'acidité attaque aussi les tissus organiques, induisant des risques d'inflammation, eczéma, urticaire, rougeur, démangeaison, arthrite, névrite, colite, sensibilité gingivale, rides, chute de cheveux, fatigue intense, irritabilité, hypersensibilité voire nervosité, troubles du sommeil, états dépressifs, infections chroniques, frilosité et mauvaise circulation, perte d'énergie et d'entrain, acidité gastrique et crampes musculaires.

Et moi, comment savoir où j'en suis dans mon acidose ?

En listant les symptômes de l'acidité repris plus haut. On en additionne plus de deux et notre compte est bon ! Mais ne paniquons pas pour autant (cela acidifie) : après 2 semaines de cure détox et de vigilance maximale, ces symptômes s'estompent comme par miracle. Le corps est reconnaissant quand on lui fait du bien.

Rien n'empêche non plus de se mettre à l'écoute de soi, face à l'ingestion d'aliments fichés « acides » et de chasser l'intrus si nécessaire. On peut même aller jusqu'à l'ingérer quand l'envie se fait irrésistible. Une coupe de champagne entre amis, par exemple.

D'autant qu'il est si simple, avant de plonger dans un minibain d'acide, de se charger en bases reminéralisantes. Un jus de fenouil/pomme/ persil, ni vu ni connu ou partagé, avant la coupe fatale et le tour est joué. Quitte à ce que, le lendemain, on opte pour du riz complet et des légumes vapeur.

Entre-temps, on se fait le plein d'une eau alcaline (p. 58), de tisanes bios, de fruits et légumes en pagaille (les 300 g quotidiens ne feront pas l'affaire, visez plutôt le kilo) et de saison. On se choisit de bons acides gras de première pression à froid, quelques céréales complètes (en privilégiant le riz et le quinoa) et 150 g de protéines quotidiennes (en privilégiant le poisson et le blanc de poulet). Et on fuit comme la peste et comme on peut les sucres rapides, les excitants et les alcools (si si, on se garde un bon verre de vin rouge quotidien).

De toutes manières, on développe si rapidement une telle énergie que ces béquilles invalidantes et déminéralisantes nous deviennent vite inutiles.

Est-ce que tous les acides sont à fuir, vraiment ?

Non, certains aliments dits « acides » restent précieux car riches en bases. C'est le cas notamment des épinards, du cresson et des fraises. Seules, les personnes souffrant d'une faiblesse métabolique face aux acides ou présentant déjà un terrain acidifié doivent s'en méfier. Pour les autres, consommation de saison de rigueur, crus ou à peine cuits, pour qu'ils gardent quand même le max de bases.

Certains aliments de nature acidifiante restent importants dans une assiette équilibrée. Les protéines, par exemple, riches en acides aminés, restent indispensables à notre construction cellulaire (150 g par jour). Les céréales, de nature acidifiante, restent elles nécessaires pour assurer notre apport en glucose (corps et cerveau). On se limite donc à 2 fois 5/6 c. à s. par jour de céréales complètes ou mi-complètes par adulte (pour les enfants on ne compte pas). Pourquoi complètes ? Leur coque regorge de vitamines et de minéraux basiques propres à diminuer leur acidité d'une part et à nous rassasier de l'autre. Leur teneur en fibres nous permet de freiner la métabolisation du glucose, nous mettant à l'abri (à l'inverse des sucres rapides ou de l'aspartam) des coups de pompe et donc des crises de grignotage compulsives.

À noter que les graines, céréales et légumineuses, quand elles sont germées, grâce à leur démultiplication en minéraux basiques, perdent leur acidité et changent donc de camp !

Dernier bémol : l'alimentation seule, même associée à un changement d'hygiène de vie, n'est pas toujours capable, selon la gravité des cas, de rééquilibrer un terrain trop acide. Les réserves alcalines sont faibles et il faut agir vite. Dans ce cas-là, on peut avoir recours à des compléments naturels qui vont nous aider sans nous déséquilibrer à recharger asap notre stock de bases (p. 42).

L'équilibre acide-base serait donc la clef de la jeunesse cellulaire ?

En tous cas. Et si, en plus, il pouvait aider nos enfants à devenir des individus sains et puissants, à nous transformer nous-mêmes en adultes équilibrés et stables, et à faire de nos aînés des sages qui auraient l'énergie et le mental pour reprendre leur place de bons veilleurs, de conseillers et de *go between* justes, compétents et bienveillants, ce serait tout simplement merveilleux.

LES BONNES COMBINAISONS

« L'intestin n'est pas seulement un organe d'absorption, mais aussi un puissant
émonctoire chargé d'éliminer les matières indésirables. »

G.-C. Burger

À tout manger dans le désordre, on ballonne, on fermente, on assimile mal, on s'offre des maux de ventre, on se fait du mauvais sang et le moral même en prend un coup. À force, et sur la longueur, les bobos peuvent se transformer en vrais gros problèmes, c'est l'intestin qui déguste et notre immunité qui pique du nez !

La raison en est toute simple : pour bien assimiler, il faut des enzymes qui, mal combinées, risquent de se neutraliser. La pepsine de nature acide, par exemple, nécessaire pour prédigérer les protéines animales, va neutraliser la ptyaline de nature alcaline que nous produisons pour assimiler correctement les céréales. Ces nutriments devraient idéalement être dissociés. Nos ancêtres du paléolithique le faisaient spontanément et ils étaient en pleine forme.

Donc, on assimile le b.a-ba des bonnes associations qu'on applique à 100 % pendant les cures détox et à 75 % en dehors*.

- Le cru avant le cuit (on a besoin des enzymes du cru pour digérer le cuit qui suit et dont les enzymes ont été un peu amorties par la cuisson, même à basse température).

- On évite le potage avant le repas, et on préfère des crèmes de légumes concentrées. Pas d'eau pendant le repas pour la même raison : trop de liquide risque de diluer les sucs gastriques et de perturber la digestion.

- On mange les céréales avec les légumes, si possible à midi plutôt que le soir, pour diminuer les risques d'encrassage.

* Les enfants ne sont pas censés dissocier tant ils ont besoin toute la journée de bonnes protéines pour se construire.

- On mange les protéines avec les légumes, le soir plutôt que le midi, pour les mêmes raisons. Exceptions : les épinards, l'oseille et les asperges qui produisent trop d'acides associés avec des protéines animales, donc on se les réserve en association avec des céréales. Ou, à la limite, crues (carpaccio d'asperges) et/ou en entrée.

- On associe les céréales et les légumineuses (azukis, pois chiches, lentilles...) pour profiter de leur protéine végétale.

- Jamais de fruits pendant ou après les repas (sauf pomme, papaye et ananas, ces deux derniers pour leur richesse en enzymes, particulièrement pour la digestion des protéines) et ceci pour éviter tout risque de fermentation. Soit donc 15 minutes avant, soit 2 heures après un plat de céréales, soit 4 heures après un plat de protéines. Idem pour les jus de fruits.

- Les yaourts s'associent toutefois bien avec les fruits acides (orange, fraise, ananas, kiwi, par exemple).

- Pas de fruits doux (banane, figue, mangue, papaye) avec des fruits acides (fraise, ananas, grenade).

- On ne mélange pas les melons et les pastèques aux autres fruits mais on peut les manger ensemble.

- Les laitues et le céléri se marient parfaitement avec les fruits. Donc on se les offre en entrée, c'est délicieux et surprenant.

- On ne mélange pas les produits laitiers avec les protéines animales et on évite d'associer des protéines animales d'origines différentes : pas de carpaccio de thon avant une hypocuisson de bœuf et *exit* le bon petit fromage assorti de sa poire pour terminer le repas.

- On évite les légumineuses avec les protéines animales ; consommées avec les céréales, elles permettront par contre une excellente assimilation du potentiel protéique des uns et des autres et, ce jour-là, on fait l'impasse sur les viandes et les poissons. Caviar d'azukis (germés pour neutraliser leur acidité) avec un taboulé de quinoa plutôt qu'avec des coquilles Saint-Jacques, houmous de pois chiche (voir MCE) avant un couscous de légumes, riz sauté aux germes de soja et aux petits légumes croquants de saison, c'est divin pour l'intestin et pour le portefeuille.

- Les sucres. Alors là, c'est pas compliqué : pas de sucres avant, pendant ou après les repas. Si vous n'êtes pas convaincu, on se lit le chapitre sur les sucres (p. 50). On craque quand même pour un carré de chocolat noir belge 70 % et pour un moelleux les dimanches et jours fériés.

BON, LE BIO

« La santé de l'homme est le reflet de la santé de la terre. »

Démocrite

On ne sait plus à quelle casserole se vouer !

Produits frais dénaturés, meurtris dans leur culture ou préparation, pesticides et engrais toxiques, élevages industriels et inhumains tenant sur pattes à coups d'antibiotiques, d'hormones et d'antidépresseurs (pas très comique la vie de batterie), aliments irradiés, manipulations génétiques, pollution électro-magnétique, la liste est longue.

STOP, où allons-nous ?

Ces dérives alimentaires ont des incidences graves sur notre santé. Elles nous fatiguent, nous font grossir, nous dépriment, nous fragilisent, réduisent notre fertilité, agressent nos neurones et nos hormones, induisent des problèmes respiratoires, allergiques et immunitaires déséquilibrant notre métabolisme tout entier.

Non au chant des sirènes

L'industrie agro-alimentaire a les moyens de présenter une vision déformée de ses produits, par le biais de messages publicitaires idylliques. La réalité des unités de production industrielle fait peur. Ouvrons les yeux et agissons. La solution est simple. On soutient par nos achats le développement d'une alimentation naturelle et/ou biologique.

« Alimentation de riches ! »
Moi, je n'en ai pas les moyens.

On ne continue pas à manger sur le même tempo qu'avant. On fait une croix sur le superflu, les sodas, les sucreries, les plats préparés, les

« crasses » qui nous encrassent, tout ce qui remplit nos caddies sans nous nourrir pour de vrai. On fait le plein de bons nutriments qui contentent corps et cerveau, on alterne la viande et le poisson et on les remplace régulièrement par deux œufs sur le plat, une boule de fromage de chèvre au lait cru ou une salade de maquereau bourrée de bons oméga 3 (une aubaine pour le cerveau). On se dépayse avec des produits locaux et de saison que l'on rendra sexy à coups d'épices douces et de préparations surprenantes. Et, *in fine*, on s'en sort à moins de 10 € par jour... Économique et écologique !

Développer les bons réflexes

En faisant le choix de la vitalité, en optant pour des nutriments sains qui nous rassasient, on coupe court aux crises de grignotage compulsif. On choisit d'alimenter son organisme et non sa cellulite, ses rides, ses pertes de mémoire, ses caries, sa fatigue chronique ou sa frilosité morale. Autant de maux qu'on aurait à réparer ensuite à coups – et à coût – de liftings, liposuccions, frais médicaux, pause-carrière ou cours de rattrapage pour les enfants. Même les chefs d'entreprise ont tout à gagner en boostant l'énergie de leurs troupes. Avec des repas d'entreprise plus sains et des tables rondes gourmandes autour des enjeux alimentaires, combien de journées maladie seraient évitées et de parts de marché gagnées par des équipes enthousiastes et entreprenantes ? D'autant que, côté concentration de goûts, on y arrive beaucoup plus vite avec des produits naturellement chargés en saveurs, ce qui réduit d'autant la quantité d'ingrédients à mettre en casseroles ou dans les extracteurs. Et donc aussi la note d'achat ! Une note à revoir de toutes façons. On consacre aujourd'hui 15 % de notre budget à nos achats alimentaires (contre 45 % dans les années 1950). Autant dire qu'avec nos exigences de prix écrasés, on cautionne la production de poulets en batterie et de salade folle. Qui, à leur tour, nous rendent malades, empâtés ou déprimés.

Avec ce qui nous tombe sur la tête, pluies acides et cataclysmes écologiques, à quoi bon ? On est déjà contaminés !

Oui, mais pas condamnés pour autant. Il suffit de 3 jours à peine pour éliminer toute trace de produit chimique dans les urines d'un enfant dont l'alimentation, de conventionnelle, passe au bio. Et il n'y a pas de compromis possible : quel bienfait retirer d'une pomme « virtuelle » qui, du bourgeon au fruit, est bombardée 15 fois dans sa vie (et je ne vous raconte pas ce qui se passe encore entre la cueillette et l'assiette) par des jets de produits chimiques ?

Martine, tu rêves ! Il y a 7 milliards d'individus sur terre, il faut bien trouver des solutions pour les nourrir tous !

La famine serait moins liée à une question de productivité qu'au problème de l'accès à la nourriture. D'un côté du globe, les enfants meurent de faim. De l'autre, ils crèvent de trop et mal manger. Il faut bien constater qu'à force de droguer la terre d'engrais et de produits chimiques, celle-ci finit par mourir à petit feu et à ne plus rien accorder de ses substances vitales aux fruits et aux légumes qu'elle porte. À terme, son rendement est condamné. Et le nôtre aussi.

ESSENTIELS,
LES BONS ACIDES GRAS

« Ce que l'homme modifie, c'est-à-dire ce qu'il ne conserve pas dans sa constitution fondamentale, ne fait plus partie de la nature au sens propre du terme. »

Abd-Ru-Shin

Les mauvaises graisses, on les connaît. Les médecins, les diététiciens nous mettent suffisamment en garde à leur sujet. On sait que l'on doit les éviter. Question d'équilibre, d'hypertension et de mauvais cholestérol. Heureusement, nous commençons aussi à discerner les bonnes graisses. Celles qui sont essentielles à la construction et à l'entretien du cerveau. Les régulatrices d'humeur, qui nous épargnent un mental morose et frileux, celles qui exercent un effet positif sur le système cardio-vasculaire, régulent la production d'hormones, ont un effet hypotenseur et hypocholesterolémiant, boostent notre intestin et notre immunité et participent au maintien d'une peau jeune et élastique.

À ce stade, le tri entre les bonnes et les mauvaises graisses est essentiel. Il en va de la survie de notre organisme, et, à terme, de notre espèce.

Le grand thriller des graisses

Si le scénario a de quoi faire peur, se voiler la face devant le grand thriller des graisses serait pure inconscience. Conscientisation oblige, il est vital d'apprendre à reconnaître les deux grandes familles d'acides gras, **les acides gras saturés** et **les acides gras insaturés**.

Les méchants : les acides gras saturés

Ils sont principalement d'origine animale terrestre : beurre et produits laitiers, fromages, viandes et charcuteries. Mais aussi les huiles de palme et de coprah ainsi que toutes les huiles ayant subi un procédé d'hydrogénisation, même partiel, celui-ci étant officiellement reconnu comme facteur cancérigène. Sont également saturées les margarines, même celles à l'huile d'olive puisque, pour devenir solides, elles ont été chauffées à des températures excessives ou hydrogénisées.

Ces acides gras transformés sont non métabolisables. Nos enzymes ne les reconnaissent pas comme aliments. Ils stagnent et encrassent nos organes, entraînent des dépôts de cholestérol, une mauvaise circulation sanguine et des réactions inflammatoires. La nature ne connaît pas cette forme de gras, à l'exception d'une plante carnivore qui paralyse définitivement sa proie par un jet de graisse « trans » avant de la consommer. Édifiant.

Les gentils (sous réserve) : les acides gras insaturés

Ils sont, eux, d'origine végétale ou animale. Ils sont indispensables au bon fonctionnement de l'organisme. On les répertorie en deux sous-familles : les *mono-insaturés* et les *poly-insaturés*.

Les mono-insaturés (huile d'olive, huile d'arachide) riches en acide oléique, vont réduire le mauvais cholestérol (LDL) tout en maintenant élevé le taux de bon cholestérol (HDL).
(Rappel : le HDL réduit les risques coronariens, tandis que le LDL l'augmente). Ces huiles sont les seules à pouvoir résister à une température élevée sans devenir toxiques (210°C).

Les acides gras poly-insaturés, deuxième sous-famille, sont appelés aussi *acides gras essentiels* (AGE), du fait que le corps ne peut les fabriquer. Ils sont néanmoins essentiels à la bonne construction et protection cellulaire. Le corps devra donc immanquablement les puiser dans l'alimentation.

On classe dans cette sous-famille les **oméga 6** (tournesol, maïs, sésame, noisette, carthame, amande, pépins de raisin ou de courge, etc.) dont l'impact est positif sur le taux de cholestérol et sur la sécheresse de la peau, mais dont la consommation sous une forme dénaturée ou excessive peut comporter certains risques.

On range dans les acides gras poly-insaturés les fameux **oméga 3** (huile de poisson, poisson gras, algue, noix, colza, lin, chanvre, herbes sauvages, pourpier et chair des animaux ayant consommé ces derniers) qui exercent une action favorable sur le cholestérol et le système immunitaire. Et qui, comme les oméga 6, se dénaturent très vite, soumis à une température supérieure à 30°C.

Des oméga 3 que nous ne consommons plus et dont nous avons un terrible besoin : soutien cardio-vasculaire et immunitaire, précurseurs hormonaux, construction cellulaire, neurones en tête (voir chapitre *Bien manger pour bien réfléchir*).

Enfin, **l'hydrogénisation** des acides gras, partielle ou totale, permet de mieux solidifier les corps gras (margarines), d'assurer une conservation plus longue aux produits industriels qui les contiennent (viennoiseries, biscuits, pizzas, crèmes à tartiner, snacks chocolatés, céréales type « corn flakes », etc.) en leur donnant une texture moelleuse et un aspect trompeur de « tout juste sortis du four ». Ces graisses sont évidemment très bon marché et résistent au temps. Elles sont aussi mortelles.

Les bonnes résolutions grasses :

1. On limite la consommation quotidienne de graisses saturées à 15 g de beurre de ferme au lait cru, riche en vitamine D ou à 50 g de crème fraîche au lait cru, sans cuisson.

2. On supprime les beurres industriels, de laiterie, les margarines et produits contenant des graisses hydrogénées ou semi-hydrogénées.

3. On supprime les mayonnaises industrielles, bourrées d'acides gras « trans ».

4. On évite les produits avec mention « huiles végétales », riches en huile de palme et de coprah saturées (biscuits industriels, croissanteries, pizzas, etc.)

5. On utilise pour la cuisson un peu d'huile d'olive (première pression à froid) sans jamais la laisser fumer. Les amateurs de beurre peuvent opter pour du beurre clarifié (le Ghee des Indiens).

6. On passe pour les fritures (exceptionnelles, mais restons belges !), à l'huile d'olive, d'arachide ou de tournesol spécial fritures. À ne jamais utiliser plus de 5 fois.

7. On ne prend que des huiles vierges de première pression à froid, même pour l'huile d'olive que l'on destine à la cuisson, de label biologique ou de garantie artisanale, conditionnées dans des bouteilles de verre foncé.

8. On conserve les huiles, sauf l'huile d'olive, au frigo et on les consomme dans les 6 mois après ouverture (huile de lin : 1 mois et demi). On ne les chauffe jamais.

9. On utilise ces huiles crues, en nappage, en émulsion ou en vinaigrette en les variant.

10. On privilégie la consommation des oméga 6 sur des supports

naturels, qui transportent avec eux les antioxydants nécessaires à leur métabolisation : graines de tournesol, courge, oléagineux. Sous forme d'huile, on ne dépasse pas 2 c. à s. d'oméga 6 par jour et on compense leurs éventuels effets oxydants en les accompagnant d'aliments riches en vitamine E (huile de germe de blé), vitamine C (légumes verts et colorés) ou sélénium (poissons).

Pour les messieurs, on privilégie les huiles de pépin de courge, excellentes pour la prostate.

11. On limite les viandes grasses (pains de viande, saucisses, même bio), les charcuteries et les fromages gras. À remplacer par du poisson et encore du poisson, les plus petits et les plus gras possibles (vive la sardine !) au moins 3 fois par semaine, par du poulet bio, des jambons naturels (belges, de Parme ou d'Espagne, Pata Negra pour les jours de fête) ou les fromages/yaourts de chèvre ou de buffle au lait cru (mozzarella). On se réserve une viande rouge par semaine. Et on apprend à faire vibrer l'odeur finement iodée de ces algues qui sont à la base de la chaîne alimentaire, puisque c'est en les consommant que les poissons accumulent ces précieux oméga 3 dans leurs graisses.

12. On applique une fois pour toutes, pour les graisses « trans » et hydrogénées, l'indice de tolérance ZÉRO.

Rester mince en consommant de bons acides gras

À l'instar des bons sucres lents qui, pris à temps, nous évitent la crise de manque à coup de mauvais sucres rapides, les bons acides gras nous dispensent de nous jeter dans la gueule du « grand méchant trans », à coup de viennoiseries ou autres sucreries. Que du bonheur !

BIEN MANGER
POUR BIEN RÉFLÉCHIR

« Ce n'est pas le temps qui passe, ce sont les neurones des hommes
qui traversent le temps. »

Jean-Michel Bourre

Pour fonctionner correctement et longtemps, cette extraordinaire construction cellulaire qu'est le cerveau a des exigences primordiales : de l'**oxygène**, de l'**eau**, du **glucose** comme carburants de base, des **enzymes**, des **protéines** (dont les acides aminés donnent naissance aux neurotransmetteurs, responsables de la communication entre les neurones) et des **vitamines** et **minéraux** en pagaille, véritables ouvriers de la construction cellulaire, qui travaillent en équipe avec les enzymes et les protéines. Enfin, *last but not least*, une bonne dose régulière de **lipides**, oméga 3 en tête.

Des lipides ? Mais ils sont bannis de tous les régimes !

À tort ! Le cerveau déteste les régimes minceur. Alors qu'il ne représente que 2 % du corps humain, c'est l'organe le plus gourmand de notre organisme, réquisitionnant à lui seul 20 % de nos apports quotidiens. Pas de chance : à la différence des autres organes, Monsieur Cerveau ne sait pas stocker ! D'où sa fragilité et sa dépendance extrême aux différentes ressources fournies durant la journée.

Le temps des cathédrales

Privé de carburants vitaux dans son environnement (oxygène) et dans l'assiette, notre cerveau crie famine. Il tire le signal d'alarme à sa façon. Son dysfonctionnement engendre des difficultés en cascade : pertes de mémoire, problèmes de concentration, d'élocution, de compréhension, d'audition ou de vision. Une « grosse fatigue » mentale qui peut engendrer un état dépressif.
Et cela, très tôt dans la vie.

La construction du cerveau commence *in utero*, d'où l'importance pour le futur bébé de recevoir par le biais de sa mère une alimentation adaptée à ses énormes besoins. À la naissance, le cerveau du nouveau-né pèse environ 300 g, un poids qui sera multiplié par 5 arrivé à l'âge adulte (alors que celui du chimpanzé ne fait que doubler). En dehors des stimulations extérieures, émotionnelles et cognitives, il est capital de lui assurer des apports alimentaires solides et réguliers, susceptibles de cimenter la construction de cette véritable cathédrale intérieure.

Une cathédrale qui, rappelons-le, définit et protège la personnalité même de l'individu, sa capacité à rêver, à se mettre en relation, à imaginer et à se projeter dans l'avenir. Notre intelligence, notre enthousiasme, nos facultés de résilience, de compassion et notre propension à être heureux trouvent aussi leurs racines dans notre assiette.

Retour aux sources

Spontanément ou intuitivement, chaque culture et civilisation a d'ailleurs compris et intégré les règles alimentaires de base dans ses rites nourriciers. Souvent sans les comprendre.

Les Esquimaux vont par exemple chercher la fameuse vitamine B1, indispensable au bon fonctionnement neurologique, dans les lichens ruminés de l'estomac du renne !
Pendant la guerre de Crimée, les soldats japonais surpris en train de manger du riz blanc, et non du riz complet riche en B1, étaient passibles de la cour martiale. Intuitivement, les officiers savaient que le riz décortiqué, au même titre que les céréales blutées, faisaient perdre détermination et courage.

Quant à nous, il y a 50 ans – et pour la première fois dans l'histoire mondiale des rites alimentaires –, nous avons sciemment tourné le dos à nos habitudes ancestrales, pourtant bénéfiques. Pour quoi ? De nouvelles habitudes de consommation – *fast-food*, aliments industriels et dénaturés – qui ne satisfont plus les besoins fondamentaux de notre cerveau.

De bonnes briques dans le ventre

Nos enfants, sans vitamine B1 (céréales complètes), sont condamnés. Leurs résultats scolaires aussi.

Sans son quota d'oméga 3 (poissons gras essentiellement), notre cerveau, dépourvu d'une matière première de base, se met en berne. D'après le docteur Michel Odent, le seul élément qui nous sépare essentiellement du chimpanzé, à part un petit gène, serait notre capacité à métaboliser les oméga 3, dont le cerveau est si friand. En délaissant les forêts équatoriales pour s'installer sur le littoral et se gorger d'algues et de poissons, qui en sont eux-mêmes friands, nos *Homos* d'ancêtres auraient gagné leurs galons de *Sapiens*. Aujourd'hui, notre consommation « réelle » d'oméga 3 s'est effondrée. Même le saumon, réduit au rang de produit industriel et gavé de céréales, n'en contient plus.

Le bon glucose provient des sucres lents (céréales complètes, fruits et légumes à fibres). Il garantit la qualité de la concentration mentale et le maintien d'un niveau d'énergie constant, loin des pics d'hyper (agressivité) ou d'hypoglycémie réactionnelle (fatigue, apathie) qu'induisent les sucres rapides (céréales blanches, desserts, sodas, confiseries,...).

Avec une telle ardoise, peut-on sincèrement espérer devenir intelligents, audacieux et sympathiques ou le rester si on l'est déjà ?

Bien sûr que oui. À nous de reconsidérer sans tarder notre assiette, ne fût-ce que par respect pour ce que nous portons en nous.

Pas de recette miracle. Les sucres lents, les protéines végétales et animales, les oméga 3, 6 et 9, les vitamines B1, B2, B6, B9, B12, la vitamine C, le magnésium, le sélénium abondent dans une assiette équilibrée faisant la part belle aux produits de saison, aux céréales complètes, aux acides gras, poissons et viandes de choix. Oublions les restrictions, dangereuses pour notre cerveau. Celui-ci ne fonctionne jamais aussi bien que lorsqu'il baigne dans un contexte d'abondance, de plaisir et de gourmandise, dans le partage et la générosité.

LES BOOSTEURS D'ÉNERGIE

« Si vous ne possédez pas d'extracteur de jus,
revendez votre voiture et achetez-en un ! »

A. Robbins, *Pouvoir Illimité*, éd. Laffont

Manger mal conduit inévitablement à un état de carence. Impressionnant de se dire que l'on continue de (dys)fonctionner malgré tout. Alors déjà, bienvenue la dope. Naturelle, il va sans dire !

Moi, je roule déjà au Bio.
Quel intérêt de prendre des compléments alors que je consomme fruits et légumes à longueur d'appétit?

Les bombes énergétiques ont toujours un rôle à jouer. Lors d'un changement de cap alimentaire par exemple, pour recharger ses accus et enregistrer vite de bons résultats. Ou encore lors de cures détox (voir MCE) qui déstabilisent d'abord l'organisme, pour mieux le ressourcer ensuite : la circulation et l'évacuation des toxines induit parfois fatigue, migraine ou acidose. Des maux passagers, révélateurs du degré de toxicité de l'organisme, que l'on atténue par l'usage de dopants naturels. Certains événements importants de la vie, même heureux, peuvent vider nos batteries : déménagement, séparation, convalescence, accouchement ou encore le stress professionnel, les voyages ou séjours en internat qui limitent aussi ponctuellement l'accès à une alimentation vivante et équilibrée. Enfin, le soutien d'enfants en croissance ou en période d'examens. Voilà autant d'occasions qui se prêtent à une gestion prévenante de notre stock de nutriments essentiels, en « bon père de famille », à condition de bien les métaboliser !

Oui, mais comment je fais pour savoir quoi et combien prendre ?

Deux écoles s'affrontent : la médecine traditionnelle qui estime les doses journalières suffisantes pour éviter les pathologies et la médecine orthomoléculaire (relation entre santé et assiette) qui estime les quantités nécessaires desdites molécules pour garantir un état de santé optimal. D'un côté, je calcule combien de vitamine C je prends pour ne pas attraper, par exemple, le scorbut (les gros fumeurs, en manque de vitamine C, alignent les symptômes du « pré-scorbut » : gencives qui saignent et dents qui se déchaussent). De l'autre, j'estime mes besoins pour être en pleine forme, gérer mon stress sans souci et démarrer au quart de tour. Pour la vitamine C, les quantités peuvent varier ainsi de 60 mg par jour à 2 g par jour selon l'école ! Alors, à quelle comptabilité se vouer ?

Partons du principe que plus l'objectif de vie est important, plus la forme doit être optimale pour l'atteindre.

Moi, on me dit souvent que trop de vitamines nuit !?

Effectivement, c'est le cas quand on les ingère sous leur forme synthétique, difficile à assimiler et porteuse de dépôts toxiniques. Il faudrait donc que ces compléments soient naturels et que le corps les reconnaisse bien. Ensuite, pour être métabolisée de façon optimale, sans provoquer de déséquilibre, une molécule a besoin de congénères en quantité très étudiée. Un équilibre fragile, qui impliquerait l'intervention d'un médecin naturopathe, nécessaire en cas de déséquilibre important. Pour ceux qui veulent simplement booster leur énergie et sortir de leur léthargie, les bombes énergétiques naturelles, parfaitement métabolisables, sont une belle option : elles contiennent intrinsèquement le cocktail moléculaire idéal pour une bonne intégration des principes actifs. Y compris ceux que la science n'a pas encore découverts. La nature est bien faite.

Potions magiques

Élue au rang de première bombe énergétique naturelle, **l'extracteur de jus** : de quoi se faire en un rien de temps, avec deux jus frais et savoureux par jour, l'équivalent de 500 g de fruits et légumes. Deuxième bombe énergétique, **les graines germées**. Les Romains auraient conquis la Gaule en consommant des graines qu'ils faisaient germer dans des chausses suspendues à leur selle. Inutile pour autant d'attacher vos pantys à votre bicyclette, ni de vous transformer en jardinier obsessionnel. Les graines germées de qualité se trouvent désormais chez les épiciers bio et dans les bonnes grandes surfaces. On en met dans les salades, en décoration d'assiette, dans l'extracteur, on les consomme plutôt le matin ou au déjeuner (le soir, risque d'insomnie !). Sous forme de poudre verte, le jus d'orge germée (à préférer au blé) appelé **Green Magma** couvre tous nos besoins en termes de vitamines, minéraux, précieuse chlorophylle, enzymes, acides aminés. Mais ce n'est pas tout : **spiruline d'eau douce** (attention aux excès d'iode issus de la spiruline de mer, qui pourraient déséquilibrer la thyroïde), **extrait pur d'acérola** (vitamine C naturelle), **Aloé Vera**, **jus de noni**, **ginseng** (sauf en cas d'hypertension), **pollen** (si possible frais et congelé), **élixir de grenade**, **gelée royale**. Voilà la panoplie de complexes naturels à alterner au gré des besoins. Ils rechargeront l'organisme en douceur, sans déséquilibre, et entretiendront notre belle mécanique intérieure – moral inclus – jusqu'à nous transformer, nous aussi, en belles bombes énergétiques.

DE JOLIES BRUNES...
POUR UNE BONNE IMMUNITÉ

« Toute notre vie, nous devons défendre l'intégrité de notre organisme contre les influences délétères de notre environnement. Il est fondamental de comprendre que le contenu de notre tube digestif fait encore partie de ce milieu ambiant. C'est à ce niveau que nous sommes les plus fragiles, les moins bien protégés. »

Dr Catherine Kousmine

Notre immunité, notre force vitale, résiderait dans notre intestin. Une plomberie complexe qui, par un mystérieux effet ascenseur, dicte en partie la météo du cerveau : à ventre gargouillard, neurones vasouillards.

Un ennemi trop candide

Pour bien fonctionner, l'intestin doit présenter un pH légèrement acide à l'entrée puis de plus en plus basique. Il doit contenir, entre autres, des probiotiques (bonnes bactéries), des prébiotiques (l'engrais des probiotiques), des vitamines, minéraux et enzymes qui agissent comme cofacteurs de métabolisation, présents naturellement dans une assiette équilibrée et vivante. Ces nutriments ont besoin d'évoluer dans un terrain alcalin, ce que nos habitudes alimentaires dénaturées ne garantissent plus, au contraire ! Elles encouragent plutôt l'apparition de symptômes de dysfonctionnement métabolique (acné, prise de poids, rétention d'eau, eczéma, asthme) et la prolifération de champignons invasifs tels que le *candida albicans*, qui raffole de nos organismes acides, saturés de sucre, d'antibiotiques ou de gluten.

Tiens, tiens voilà une piste pour expliquer nos fatigues et déprimes, notre cerveau paresseux, nos kilos qui s'accrochent et nos incontrôlables envies de crasses ?

Quelle est la solution pour sortir de ce cercle vicieux ?

Tout d'abord, vérifier que l'on n'est pas l'hôte d'une infection intestinale au *candidas albicans*. Un test sanguin suffit (voir avec votre médecin le laboratoire adapté). Près de 70 % des Américains en seraient infectés et il prolifère chez nous, au nez et à la barbe de tous. Si c'est le cas, un régime alimentaire sévère s'impose, à se faire prescrire en urgence par un médecin naturopathe.

Entretenir la plomberie

Pour bien fonctionner, la paroi de l'intestin doit afficher une propreté irréprochable. Couverte de villosités ou minitunnels, elle distille dans le flux sanguin les microparcelles du bol alimentaire qui nourrissent les cellules. Encore faut-il que notre intestin contienne les bons cofacteurs de métabolisation et un terrain favorable à leur évolution. Et que nous prenions la peine de bien prédigérer les gros morceaux. Sinon, gare à l'hyperperméabilité, voire la déformation de la paroi, fragilisée au point de laisser passer les toxines inflammatoires dans l'organisme et de favoriser l'apparition de nouvelles maladies auto-immunes.

On peut noircir le tableau, au propre comme au figuré. Lorsqu'il n'est pas transformé en passoire, l'intestin est parfois bouché, hermétique au point de ne laisser passer ni les nutriments ingérés, ni les compléments susceptibles de réparer les dégâts Grande coupable, la carapace de déchets intestinaux formée de croûtes noirâtres et nauséabondes (bonjour la mauvaise haleine !) qui, au fil des années, s'incruste sur la paroi et bouche les villosités. De quoi nous putréfier sur place ! À l'origine de cette couche de résidus ? L'excès de protéines animales, viandes grillées ou carbonisées, qui se transforment en plaque de goudron, et la consommation excessive de produits laitiers industriels dont l'accumulation crée une « colle » isolante qui tapisse l'intestin. Mais aussi trop d'aliments dénaturés que le corps ne métabolise pas, trop de sucres, bref, trop peu d'hygiène intestinale.

Comment savoir où j'en suis de ce côté-là ?

C'est simple : il suffit de regarder dans les yeux les « jolies brunes » que nous sommes censés déposer une à trois fois par jour au fond de la cuvette des W.C. Mensurations idéales ? Elles doivent être bien moulées mais pas trop, flotter sans s'effondrer, arborer une belle couleur brune mordorée, sentir bon le foin et exploser littéralement lorsque l'on tire la chasse. Les Chinois connaissaient le rôle témoin de cette jolie brune : en cas de maladie, chaque patient se devait d'apporter en consultation la dernière production du jour.

Inutile de rêver : impossible d'être jeune, beau, intelligent, mince, audacieux et sympathique quand on est constipé !

Que puis-je faire pour remettre les compteurs à zéro ?

Une alimentation naturelle et saine, à base de fruits et légumes, de céréales complètes riches en fibres et de bons acides gras aura le mérite de faire disparaître à jamais l'inconfort d'un intestin paresseux. Sans oublier l'ingestion d'une eau alcaline et vivante. Tout ceci devrait être enseigné dans les écoles. Nos enfants doivent comprendre qu'être bien dans son intestin, dans sa peau, dans son poids et pourquoi pas, rusé en math, est une responsabilité à prendre chaque jour. À nous de les dissuader d'avaler tout et n'importe quoi, de les éduquer pour qu'ils n'entament pas dès l'adolescence des régimes draconiens qui hypothèquent leur immunité et aboutissent à des comportements alimentaires obsessionnels.
Ils ont des projets d'avenir et des enfants à fabriquer. Nul doute que ceux-ci seront à l'image de ce qu'ils mettent aujourd'hui et chaque jour dans leur assiette et leur intestin.

LE SUCRE, DROGUE ET DÉPENDANCE

« Si tu aimes ton enfant, corrige-le. Si tu ne l'aimes pas, donne-lui des sucreries. »

(Proverbe chinois)

Pur acide, le sucre nous déminéralise et nous fait vieillir, chouchoute nos cellules cancéreuses, nos états dépressifs et alimente la pandémie de diabète et d'obésité. Sous des airs de douceur, de gâteaux, d'enfance et de bonheur, il cache une arme de destruction massive.

Aujourd'hui, un enfant de 8 ans a déjà consommé plus de sucre que son grand-père n'en a mangé durant toute sa vie. Nous voici imbibés et dépendants de cette substance douceâtre qui nous fait passer de l'euphorie aux larmes, de l'hyperactivité aux crises de régression compensatoires, au point de nous priver du contrôle de notre corps et de nos pensées. Pas facile d'aller au bout de « sa légende personnelle » dans de telles conditions.

Une douceur trompeuse

Il est vrai que le sucre représente une source non négligeable de glucose, aliment de base de notre cerveau et grand pourvoyeur d'énergie. Simplement, il ne s'agit pas du bon. Il faut distinguer deux grandes sources de glucose, les **sucres rapides** (confiseries, sucres blancs, viennoiseries, plats industriels, desserts, biscuits, pizzas, céréales blanches, alcool, jus industriels, sodas…) et les **sucres lents** (céréales complètes, légumes et fruits à fibres).

Les sucres rapides sont constitués de molécules simples, vite métabolisables pour peu qu'on leur vienne en aide. Qui s'y colle ? Le pancréas, qui régule la glycémie (ou concentration de glucose dans le sang) en produisant une hormone, l'**insuline**, qui permet la transformation du glucose en glycogène, une forme assimilable au niveau des cellules.

Le souci, c'est que le sucre est devenu omniprésent dans notre alimentation. 60 kilos par an et par habitant (contre 2 kilos en moyenne début du 20e siècle !). Comme sa métabolisation est rapide, le pancréas s'épuise à produire une insuline de qualité et en quantité suffisante pour pallier la glycémie. C'est le « shoot » énergétique ! Mais quand la précieuse hormone vient à manquer, le cerveau et l'organisme tout entier envoient des signaux de détresse. Un état d'hypoglycémie très désagréable pour l'homme, qui cherche toujours à en sortir. Seule issue : consommer du sucre à nouveau ! Et nous voici pris au piège d'un cercle vicieux, avec un comportement en montagnes russes qui nous transforme en piles électriques, parfois agressifs et dangereux (l'actualité nous interpelle), puis en déprimés latents.

Ce qui n'est bien sûr pas le cas des bons **sucres lents**. Ceux-ci, constitués de molécules complexes, riches en fibres, font écran au glucose et ralentissent sa métabolisation par l'organisme, induisant une gestion harmonieuse et constante du glucose. C'est l'assurance d'un apport énergétique stable et puissant, qui donne force et assurance pour gérer notre vie en adultes responsables. Assimilés à temps, ils nous délivrent même de la tentation du sucre.

À chacun de nous de prendre conscience des dangers de cette molécule séductrice qui nous mine le moral, l'énergie, l'immunité et la forme. On apprend à faire la chasse aux mauvais sucres planqués dans nos verres et assiettes – 7 morceaux dans un soda – et on fait la part belle aux bons sucres lents, riches en vitamines, acides gras, minéraux, fibres et enzymes précieux pour notre bien-être intestinal.

Pas question de se priver de douceur pour autant ! Le sucre blanc, roux ou cassonnade (aussi mauvais que le blanc, voire pire) se remplace avantageusement par du **sucre de canne** complet (non chauffé), du **rapadura**, du **sirop d'érable**, du **sirop d'agave** ou du **miel** de qualité non trafiqué. Et pour bien faire, on réduit les quantités…

Aspartam et produits lights : à exclure !

Il est aujourd'hui prouvé que l'aspartam est une molécule tueuse pour nos neurones et notre immunité, qui agit comme un leurre gustatif en provoquant le contraire de l'effet souhaité : son assimilation donne au pancréas l'information que du sucre, même faux, va débarquer ! L'organisme passe de l'euphorie au manque. Résultat, on grignote. Et on grossit d'autant !

Bravo à la Finlande et à la Norvège qui ont interdit l'aspartam. Pour les autres gouvernements européens, c'est encore le silence radio.

*Reymond W., *Toxic. Obésité, malbouffe, maladie : enquête sur les vrais coupables*, Flammarion.

LES SAVEURS, LES HUMEURS
ET LES SAISONS*

« Une belle âme ne va pas avec un goût faux. »

Diderot

Selon les principes de la médecine chinoise qui inspire ma démarche en cuisine, chaque organe est affecté, en tandem avec un organe voisin, à une loge énergétique précise (ce qui fait du bien à l'un est bénéfique à l'autre, et vice-versa). Et ce duo est associé à une saveur et à une saison : **acide**/printemps (foie et vésicule biliaire), **amère**/été (cœur et intestin grêle), **douce**/entre-saisons (rate-estomac-pancréas), **piquante**/automne (poumon et gros intestin) et enfin **salée**/hiver (reins et vessie)*.

La valse des humeurs

Lorsque la loge **foie-vésicule** biliaire est en harmonie, nous nous sentons spontanés, généreux, créatifs, fantasques et entreprenants. En revanche, si elle est en perte d'énergie, elle fait de nous des individus irritables, colériques, obstinés, intolérants, gémissants et envieux... Pas vraiment rigolo, surtout au printemps !
Côté **cœur-intestin grêle**, nous serons amoureux ou solidaires, optimistes, drôles et de bonne humeur ou plutôt confus et renfermés, bégayants et sujets aux insomnies selon que nous chouchouterons ou non cette loge, surtout en été.

Sages, responsables, équilibrés, les deux pieds sur terre, compréhensifs, tournés vers les autres si nous consommons des légumes à saveur douce pour soutenir la loge **rate-estomac-pancréas**. Intolérants, butés, inflexibles, renfermés sur nous-mêmes et ressassant des idées dépressives si nous restons dans la dépendance au sucre que notre société de consommation entretient.
Épanouis ou tristes, voire angoissés, en fonction de ce que nous ferons subir à nos **poumons** (cigarette, manque d'oxygénation) et/ou à notre

* Pour la liste des aliments classés suivant leur saveur,
voir M. Fallon, *Ma cuisine énergie*, Luc Pire, 2007.

gros intestin, particulièrement en automne (bonjour les affections rhino-pharyngées à la rentrée des classes).

Courageux et tenaces, soutenus à longueur de vie par une libido de jeune dieu ou au contraire inquiets, peu fiables – même au lit – pour peu que nous malmenions ou non l'énergie de nos **reins** et de notre **vessie**. En hiver surtout.

Il est primordial donc de veiller à ce que les cinq loges soient au mieux de leur forme. Un métabolisme en déséquilibre énergétique renvoie sur notre corps (en longeant les trajectoires des méridiens) et sur notre visage le triste tableau de notre désaccord intérieur : rides, pustules, rougeurs, cernes ventrus ou effondrés, gonflements, affaissements, boutons, verrues, eczémas, taches, kystes cellulitiques ou fosses iront s'installer à l'endroit de projection de la loge qui déprime.

Plus intéressant, l'effet contraire suggère qu'à un métabolisme heureux, correspondra un visage harmonieux et un corps sans défauts…

Lorsque l'on adopte la cuisine de l'énergie et l'alimentation hypotoxique, l'effet est magique : en l'espace de quelques jours déjà, de quelques semaines sans aucun doute, notre nouveau bien-être cellulaire se met à gommer les défauts du corps (et du cœur), en douceur, pour une harmonie retrouvée.

Dans la pratique, que faire ?

On s'organise pour équilibrer les cinq loges en mettant systématiquement chacune des cinq saveurs dans l'assiette. On insiste davantage sur la saveur de la saison ou sur celle qui est en relation étroite avec la ou les loge(s) qui aurai(en)t besoin d'être reboostée(s).

On s'organise une cure détox, idéalement 4 fois par an, pour évacuer les toxines de la saison passée. Si on veut la faire seul chez soi, c'est possible! (voir MCE).

Les petites pastilles qui illustrent les ingrédients des recettes sont là pour vous aider :

- Verte : saveur acide (foie-vésicule biliaire)
- Rouge : saveur amère (cœur-intestin grêle)
- Jaune : saveur douce (estomac-rate-pancréas)
- Blanc : saveur piquante (poumon-gros intestin)
- Gris : saveur salée (reins-vessie)

LES MIRACLES DE L'EAU

« L'eau est le symbole de l'âme.»

Masaru Emoto

Notre corps est constitué à 80 % d'eau. Nos cellules, y compris celles de notre cerveau, baignent, s'abreuvent et puisent dans l'élément liquide des informations vitales, essentielles à leur équilibre et leur croissance.

C'est dire si cette eau que nous choisissons doit être parfaite : pure, hydratante, porteuse d'informations positives et d'énergie vitale. On découvre aujourd'hui que l'eau possède une mémoire et que celle-ci est programmable, conductrice et contaminante.

Faut-il pour autant aller vivre au fond du Larzac ?

À nous de faire le tri dans les eaux de consommation et de sélectionner celles qui, enfin, chouchouteront nos cellules et nos neurones. Pour être bénéfique, l'eau doit avant tout présenter une **grande pureté**, exempte de tout polluant chimique et de tout polluant vibratoire. L'un et l'autre vont de paire pour garantir une santé physique et mentale. Il faut aussi qu'elle observe une **structure moléculaire cohérente**, c'est-à-dire hexagonale, la seule qui permette au cristal d'eau de pénétrer au cœur de la cellule pour l'hydrater, l'informer positivement et assurer sa fonction principale : éboueur !

Cette structure moléculaire cohérente parvient seule à faire un travail complet, sans demi-mesure et donc sans être toxique. Au même titre qu'un cristal de quartz a la pureté nécessaire pour influencer les circonvolutions d'un ordinateur ou d'une montre et déclencher son fonctionnement, alors que le quartz commun ne le peut pas.

Certains scientifiques l'affirment, il y aurait un lien direct entre le vieillissement cellulaire et le manque d'eau hexagonale dans nos organismes*. Rajeunir serait en conséquence le résultat d'une hydratation optimale des cellules grâce à l'ingestion quotidienne d'une eau moléculairement parfaite.

Celle-ci aurait en plus des effets majeurs sur le pH corporel (effets basiques), sur l'équilibre pondéral, la qualité de la peau, le cholestérol, l'hypertension, la fluidité sanguine, la rétention d'eau, la fatigue chronique, le diabète, les douleurs articulaires, le bien-être mental. Vite, où la trouver ?

Chez les Hunza, sur les contreforts de l'Himalaya. Ou à Okinawa au Japon où l'on observe que les habitants y vivent centenaires grâce à la consommation d'une eau pure, appelée « PI », magnétique et parfaitement hexagonale.

Charmant tout cela. Mais chez nous, quelles sont les options ?

En voici quelques-unes :
L'eau du robinet. Rien à dire, elle est bactériologiquement pure. Dommage qu'elle affiche un zéro pointé pour sa qualité de transmission : acide, elle regorgerait de produits organiques et chimiques (nitrates, calcaire, chlore, minéraux de synthèse non métabolisables, pesticides, fluor, cuivre, plomb, oestrogènes, dérivés de médicaments) dont la concentration varie d'un endroit à l'autre. Elle ne contient en outre aucune énergie vibratoire positive, elle est donc morte et donc impropre à la consommation.
La solution : la filtrer.

*Les Japonais et les Coréens sont très en avance sur cette question
(voir bibliographie, ouvrages de Emoto M., Whang S., Mu Sikh Jon et Shingi Makino).

Mécaniquement par exemple, via une cruche filtrante (attention, à coût identique, l'efficacité varie). Libérée de ses polluants, l'eau reste néanmoins acide, morte énergétiquement, sans avoir retrouvé sa structure moléculaire d'origine. Préférer les cruches qui intègrent dans leur filtre un processus de réajustement minéral qui diminue l'acidité de l'eau et lui redonnent, partiellement tout au moins, sa définition minérale d'origine.

On peut aussi la filtrer grâce à un système d'osmose inverse* que l'on installe sous l'évier et qui donne une eau dépolluée à 100 %, déminéralisée, mais toujours acide, morte et de structure pentagonale.

L'eau en bouteille. De source, elle présente officiellement une pureté bactériologique parfaite. Sauf qu'y stagnent parfois des résidus d'oestrogènes (bouteille plastique) ou de nettoyants chimiques (verre recyclable). Passé le délai de 3 jours après puisage et mise en bouteille, son énergie vibratoire s'effondre et elle perd sa structure hexagonale. On estime à 15 % le taux de pénétration de cette eau dans nos cellules (contre 100 % pour une eau hexagonale). Prenez soin de la choisir en bouteilles recyclables, peu chargée en minéraux. Ceux-ci, véhiculés par une eau « morte », ne s'assimilent pas et ne peuvent que créer des dépôts calciques.

Pour ma part, plus prosaïquement, et pour un coût minimum, je filtre l'eau du robinet par osmose inverse, puis je la recharge d'une pointe de sel rose pour la reminéraliser. Je la passe ensuite dans une cruche électrique où elle est vortexisée, aimantée et ionisée. Elle retrouve alors en quelques minutes et pour quelques heures, sa structure 100 % hexagonale et son souffle de vie originel. Je la conserve dans une bouteille en verre, 24h au frigo, 6h à température ambiante. Je ne la chauffe pas.

*Procédé mis au point par la NASA qui permet de filtrer les eaux usagées, utilisé également en milieu hospitalier pour les dialyses.

LES RECETTES*

Pour 4 personnes

*Pour le fond de cuisine, voir *Ma Cuisine énergie*.

LES JUS ET BOISSONS
QUI DONNENT DU PEPS

On considère les jus frais de légumes (verts de préférence) comme de véritables boosteurs énergétiques. On les prend comme des soutiens précieux pour atteindre notre objectif de 800 g, voire 1 kg de légumes par jour. On les consomme le matin, entre l'eau tiède citronnée et le petit-déjeuner, le midi (pour les nomades, jus lacto-fermenté Breuss en bouteille, le seul jus en bouteille encore réellement vivant), à 16 heures au retour de l'école ou à 18 heures comme collation énergétique avant le repas du soir. On s'offre un extracteur de qualité capable d'extraire le maximum (très peu de résidu sec) et de faire des jus d'herbe (persil, épinards, pousses de blé, etc). On évite les centrifugeuses qui râpent et oxydent de ce fait enzymes, vitamines et minéraux et font perdre aux jus toute leur vitalité d'origine.

Jus pomme ●● - carotte ● - gingembre ○

Loi des saveurs : la pomme sera foie-vésicule si elle est acide ou rate-estomac si elle est sucrée.
Passer à l'extracteur : 4 **pommes**, 4 **carottes**, ½ pouce de **gingembre**.

Jus pomme - carotte - gingembre - cumin ○
et huile de noix (à l'apéro)

Blender le jus ci-dessus avec 1 c. à c. de **cumin** en grains et 1 c. à s. d'**huile de noix**, riches en oméga 3 bons pour le cerveau. Délicieux et surprenant ! La présence d'huile de noix (ou de noisette) ralentira le processus d'assimilation et diminuera les risques de pic insulinique.
On obtient les mêmes résultats en proposant en accompagnement des amandes pré-trempées que l'on consommera pelées bien entendu, on ne nous la fait plus !

Jus pomme ●●- orange ● - betterave ●

Passer à l'extracteur : 4 **pommes**, 2 **oranges** (sans la peau) et 2 **betteraves** rouges moyennes. Aïe des oranges acides ! D'abord on les prend bio et de saison, ensuite, la richesse en bases des pommes et de la betterave compensera. Et on arrête aussi de s'offusquer devant le moindre écart, cela devient acidifiant à la fin !

Jus pomme ●●- raisin rouge ● - cassis ●- gingembre ○

Passer à l'extracteur : 2 **pommes**, 200 g de **raisins rouges avec tiges**, ½ pouce de **gingembre**. Blender finement le tout avec 250 g de **cassis**. On peut remplacer le cassis par des myrtilles ou des framboises. En blendant ces dernières plutôt qu'en les passant à l'extracteur, on garde la totalité des bienfaits de ces petites baies bourrées d'antioxydants.

Jus pomme ●●- fenouil ●- persil ●- gingembre ○

Passer à l'extracteur 2 **pommes**, les feuilles extérieures épaisses et les tiges de deux **fenouils** (garder les cœurs pour un potage vapeur minute), 15 tiges de **persil** en les présentant dans la cheminée queues les premières et ½ pouce de **gingembre**. On peut ajouter le jus d'un citron vert pour éviter tout risque d'oxydation. On peut remplacer le persil par des épinards ● et le fenouil par un bout de chou – brocoli – ou des graines germées ○. Idéal avant une coupe de champagne pour en neutraliser l'acidité.

Thé vert ● au gingembre ○

Faire infuser 5 min 1 c. à c. de **thé vert japonais** et 1 c. à s. de **gingembre** frais râpé dans 1 litre d'eau bouillante. Adoucir éventuellement avec un peu de stévia, de miel d'acacia ou de sirop d'agave. Ajouter selon l'humeur un peu de jus de citron vert. Se sert chaud ou glacé.

Le thé vert, tonique minceur

Le thé vert provient de la même plante que le thé noir, mais il n'est pas fermenté. Bourré d'antioxydants, il aide à lutter contre les radicaux libres, responsables du vieillissement cellulaire, protège contre les excédents en fer qui peuvent être pro-oxydants, exerce une action anti-inflammatoire et stimule la sortie et la combustion des graisses. On préférera les thés verts, plus toniques, aux thés noirs, plus excitants. Associé au gingembre, le thé vert se transforme en minibombe énergétique qui fera oublier les coups de pompe et les appels de café. Pour l'apéro, on réduira la présence d'eau à 200 ml, on congèle le concentré et on sert avec de l'eau pétillante dans des flûtes très fraîches. Un délice !

Lait d'amandes maison

Faire tremper les **amandes** 12 h, les éplucher et les mixer finement avec 4 tasses d'**eau de source**, 1 pincée de **sel**, 3 c. à s. de **sirop d'érable**, d'**agave ou** avec 1 c. à c. de **stevia en poudre**. Préparer de la même manière lait de noisette, de cajou, de sésame, de tournesol, de riz, d'avoine ou de quinoa. Si on désire un aspect plus crémeux – voire des effets réellement crème fraîche, délicieux par exemple sur une salade de fruits –, on diminue d'autant la quantité d'eau. Simplissime.

DESSERTS ET COLLATIONS

Parce qu'ils sont digérés plus bas que les protéines et que les céréales, afin d'en faciliter la digestion et d'éviter tout risque de ballonnement ou de fermentation, les fruits se prennent à jeun, loin des repas : 30 minutes avant ou 2 heures après.

Seules exceptions à la règle : la pomme qui ne fermente pas, les papayes et ananas tant ils sont riches d'enzymes digestives (papaïne, bromélaïne) dont nous avons besoin justement pour digérer notre repas et qui nous font parfois cruellement défaut.

Salade fraîche de kakis ● aux parfums de citron vert ● et d'anis étoilé ○

Couper 2 **kakis** en deux. Prélever des petites boules avec une cuillère parisienne et réserver dans des verrines. Faire réduire 1 verre d'**eau de source** avec 2 **anis étoilés** pendant 7 min. Ajouter le jus d'1 **citron vert** et 1 c. à s. de **sirop d'agave** (facultatif). Verser sur les verrines de kaki et faire refroidir au frigo. Si vous désirez servir ce dessert après un repas, remplacer le kaki par de la papaye.

Le **kaki** se déguste plus que mûr. Très riche en calcium, en carotène et lycopène, antioxydants puissants qui nous protègent contre l'oxydation cellulaire. Riche en fibres, il est bon pour nos intestins. Sa teneur importante en potassium le rend légèrement diurétique mais surtout, active un grand nombre d'enzymes et soutient le bon fonctionnement musculaire, cardiaque notamment. À servir bien frappé en cas de chagrin d'amour (état par ailleurs passager quand on est une bombe énergétique).

Salade de fruits ●● au parfum de passion ●, coulis aux amandes

Retirer la chair de 10 **fruits de la passion** et nettoyer les pépins en blendant 1 min sur vitesse minimum. Passer ensuite au chinois et réserver le jus de passion. Couper en tout petits cubes 1 **pomme rouge** et 1 **pomme verte** non pelées, ½ **ananas**, 1 **mangue** et ½ **papaye**. Mélanger tout de suite au jus de passion. Blender 1 verre et ½ de **lait de riz** avec 3 c. à s. de purée d'**amandes blanches**.

Déposer une louchette de salade de fruits en îlot au creux d'une assiette, verser un peu de coulis d'amandes tout autour et servir avec quelques amandes blanches légèrement rôties au four (2 min sous le grill) et quelques feuilles ciselées de menthe fraîche.

Retirer la mangue de la salade et vous en ferez une collation de fruits que vous pourrez prendre comme dessert après un repas.

Mousse légère de dattes ● au chocolat noir ●

Faire cuire 8 **dattes** à l'eau pendant 4 min (pour les désucrer) puis les dénoyauter. Peler et découper 1 **pommes** en cubes. Faire monter à ébullition 100 ml de **lait de riz** et ajouter un sachet d'1 g d'**agar-agar** en fouettant continuellement pendant 3 min.

Blender le tout avec 1 verre de **cajous** et 200 ml de **lait de riz**. Verser dans les verrines (pas plus que 5 cm de hauteur) et faire prendre au frigo pendant 20 min.

Pendant ce temps-là, faire fondre 100 g de **chocolat noir** avec 2 c. à s. d'eau et 0,5 g d'**agar-agar**, fouetter pendant 3 min et verser sur les verrines. Faire prendre au frigo. Décorer avec une **pistache** et un fin **zeste d'orange ou de citron**.

Crème du matin tout à fait intelligente aux grains de sésame ● et de cajou ●

La veille, tremper 4 c. à s. de **sésame complet** et 4 c. à s. de **noix de cajou** dans un verre d'**eau de source**, 4 c. à s. de **graines de lin blond** dans un deuxième verre d'eau de source et 4 c. à s. d'**amandes** dans un troisième. Le lendemain, peler les amandes, rincer les graines de lin et égoutter les noix de cajou-graines de sésame. Blender avec 2 **bananes** et 2 **kakis**. Totalement délicieux et si rapide.

Sésame, ouvre-toi : Oméga 3 (graines de lin), sucres lents, calcium, magnésium, potassium, vitamine C, protéines, enzymes, c'est la tout-en-un des crèmes crues. Les graines de lin vont également soutenir le transit. Quant au sésame, il est une source infinie de nutriments extrêmement précieux et donc un allié de choix pour ceux qui veulent éviter les pannes matinales.

Variante petit-déjeuner au sésame : voir page 141.

Blanc manger aux amandes ● et à la vanille, coulis aux fruits rouges ● d'été

Fouetter sur le feu 300 ml de **lait de riz** avec ½ **gousse de vanille** grattée et ½ sachet d'**agar-agar** en poudre (soit 1 g) pendant quelques minutes. Blender avec 4 c. à s. de purée d'**amandes blanches** et verser dans des verrines. Faire prendre au frigo pendant ½ h. Distribuer 1 verre de **fruits rouges** mixés avec 1 c. à c. de **miel d'acacia**.

L'agar-agar ● est un gélifiant à base d'algues marines riches en oméga 3 et aux vertus particulièrement détoxifiantes et amincissantes bien connues des Japonaises.

Des os en béton !
Les amandes sont biogéniques (p. 153). Super basiques et bourrées de calcium (p. 82), on se les déguste en admirant l'étendue de ses nouvelles connaissances.

Les fruits rouges sont bardés d'antioxydants, surtout consommés en leur saison, en plein été. En hiver, on alterne avec coulis de mangue ou coulis au chocolat (voir mousse de datte p. 72).

Crème de mangue ● à la cardamome ○

Passer à la vapeur, 5 min, 2 **pommes** pelées coupées en morceaux, 4 **grains de cardamome** et blender avec la chair bien mûre d'1 **mangue** et le jus d'1 **citron vert**. Rafraîchir au frigo. Servir avec une brunoise de quelques **fraises** relevée du jus d'½ **citron vert** et d'1 c. à c. de **miel d'acacia**. **Le miel d'acacia** serait le moins acide de tous les miels. Le miel, même s'il appartient à la catégorie des sucres rapides, contient des substances intéressantes. Le choisir non chauffé et de qualité artisanale garantie.

Crème au chocolat noir ● , parfum de café ●

Verser dans une casserole 300 ml de **lait de riz**, ½ sachet d'**agar-agar** (soit 1 g) et 2 **jaunes d'œuf**. Porter à ébullition et fouetter pendant 3 min avec 100 g de **chocolat noir** 70% cacao. Verser dans 4 coupes et faire prendre 20 min au frigo. Blender 1 **petit café espresso** avec 2 c. à s. de **crème fraîche de soja**. Distribuer sur les 4 coupes et décorer avec des **zestes d'orange** blanchis 2 min à l'eau, des **pistaches** pelées et concassées et quelques **feuilles de menthe** ciselée.

Bonne nouvelle : on garde un peu de chocolat !

Qu'on se le dise : on trouve dans la fève de cacao des alcaloïdes (action stimulante sur le système nerveux), des antioxydants (polyphénols) bons pour le coeur mais qui disparaissent jusqu'à 90% au fur et à mesure de la transformation du cacao en chocolat et deviennent totalement inassimilables lorsqu'on associe le chocolat au lait. Quant au magnésium, il y en a mais sous une forme que nous absorbons très mal.
Donc on se le choisit noir, 70% de cacao et bio of course !

Confit de potiron ● à la crème de cajou ● et aux pistaches vertes

Couper 4 tranches de **butternut**, ou équivalent en potiron, en morceaux de 4 cm sur 4. Les étaler sur une taque frottée à l'**huile d'olive**, les arroser d'un mélange de 2 petits verres d'**eau de source** et d'½ verre de **sirop d'agave** (ou de miel). Laisser confire à 80°C jusqu'à tendreté, soit 3 ou 4 heures. Servir froid avec la **crème fraîche de cajou** (p. 74) et quelques **pistaches** vertes décortiquées et grossièrement pilées.

Blanc manger ● au citron vert et fruits de la passion ●

Verser dans une casserole 1 verre de **lait d'amandes** avec 1 c. à c. de **gingembre** frais et 1 zeste de **citron vert** coupé en fin cheveux ; ajouter 1 g d'**agar-agar** et maintenir l'ébullition en fouettant constamment pendant 3 min. Blender 200 ml de lait d'amandes, 2 c. à s. de **miel d'acacia** et verser dans des coupes. Faire prendre au frigo pendant 20 min.

Passer au blender (vitesse lente) la chair de 5 **fruits de la passion** afin de bien nettoyer les noyaux. Passer ensuite au chinois et réserver le jus de passion. Faire bouillir 1 verre d'eau additionné du jus de passion et d'½ g d'agar-agar, garder l'ébullition tout en fouettant pendant 3 min. Verser dans les coupes déjà refroidies et remettre au frigo pendant 20 min. Servir.

Tartelettes au citron vert

Mélanger 100 g de **biscuits pilés** à base de farine complète avec 1 c. à s. d'**huile de coco** et étaler dans 4 petits ramequins (hauteur : 3 cm). Placer 10 min au frigo.

Râper le zeste de 2 **citrons verts** sans jamais rentrer dans la partie blanche. Faire bouillir 300 ml de **lait de riz** avec 1 g d'**agar-agar** en poudre et maintenir l'ébullition tout en fouettant sans arrêt pendant 3 min. Mixer avec le jus des 2 citrons verts, 3 c. à s. de **purée d'amandes blanches** et 1 c. à s. de **sirop d'agave**. Verser sur les biscuits pilés et faire prendre au frigo pendant 20 min. Décorer avec le zeste de citron vert.

L'ananas est relativement acide et doit donc être évité si on affiche une hypersensibilité aux acides. Il sera nettement moins acide si vous choisissez un ananas-avion plutôt qu'un ananas-bateau, surtout s'il s'agit de l'espèce Victoria ou encore mieux du Baby Victoria. Très riche en broméline, enzyme digestive très intéressante, l'ananas est un des seuls fruits (avec la papaye et la pomme) tolérés pendant ou après un repas. Les ananas sont de saison entre janvier et mars, moment idéal pour les déshydrater afin de pouvoir les déguster comme des bonbons toute l'année (MCE). Qui a dit que la cuisine de Martine était triste ?

Milkshake ● aux dattes ●

Passer au blender 4 verres de **lait d'amandes** avec 4 c. à s. de **purée d'amandes blanches**, 4 **glaçons** et 8 **dattes** dénoyautées. Servir immédiatement.

Les amandes sont très riches en calcium (7 amandes équivalent à un litre de lait) biodisponible. Très basiques (sauf la peau), on les fait tremper une nuit dans de l'eau de source et on se les pèle le lendemain très facilement. Elles auront germé entre-temps et donc développé leur potentiel enzymatique, minéral et vitaminique et développeront un goût délicieux d'amandes fraîches.

Présentée en purée, additionnée ou non d'un peu de chocolat noir fondu, elle se déguste le matin sur un toast d'épeautre au levain.
Les dattes sont très riches en sucres lents qui nous permettront, à condition d'être absorbés à temps, de résister aux sirènes des sucres rapides. Elles ont également un très bon effet de régulation du transit.

Milkshake ● à la banane ●

Blender 4 verres de **lait de riz** avec 4 **bananes fifi**, le jus d'un **citron vert**, 4 glaçons et 4 c. à s. de **purée d'amandes blanches**. Servir aussitôt. On peut remplacer la banane par son équivalent en ananas, en mangue ou en avocat.

Idéal pour une collation de 16 heures, servie éventuellement avec des crêpes au lait de riz et sirop d'érable (voir MCE).

LES CÉRÉALES
ET LES LÉGUMINEUSES

Penne ● aux tomates fraîches ● et leur purée de piments ○

Peler, couper et épépiner 8 **tomates**. Couper 4 **gousses d'ail** en fines lamelles. Émietter 2 c. à s. de **thym** frais ●. Faire chauffer 4 c. à s. d'**huile d'olive** dans un wok et faire revenir doucement les lamelles d'ail et le thym pendant 2 min, ajouter ensuite les tomates et faire cuire doucement pendant 6 min. Rajouter 3 c. à s. d'huile d'olive. Servir avec des *penne* au blé dur ou mi-complètes cuites *al dente.*

Purée de piments ○ : passer à la vapeur 10 **piments rouges** épépinés pendant 5 min. Les mixer avec ½ verre d'**huile d'olive** et ½ c. à c. de **sel de Guérande**. On ne rectifie pas l'assaisonnement car c'est du pur arrache-gueule ! Présenter avec des pâtes aux tomates ou un couscous et se limiter à une pointe de couteau. Se conserve au frigo 2 ou 3 semaines.

Tagliatelles ● au persil plat ● et aux légumes grillés ●●●

Les tagliatelles ou spaghettinis remplaceront les *penne* de la variation gâteau de mozzarella (p.132).

L'indice de glycémie (c'est-à-dire la rapidité de réaction métabolique aux sucres : plus elle est élevée, plus nous nous trouvons devant un sucre rapide avec les risques de pic et de dépression insulinique) des pâtes dépend de leur temps de cuisson. Plus on les cuit, plus l'indice monte. Donc, on se les fait *al dente.* Plus fins sont les spaghettis, moins ils contiendraient de gluten. Donc, on privilégie quand on peut les spaghettinis *al dente.* Et au blé dur, s'il vous plaît, pour un indice glycémique encore plus bas.

Risotto ○ minute aux tomates ● et aux épices douces ○

Fendre ½ **gousse de vanille** en deux. Cuire 2 tasses de **riz mi-complet** avec 2 **anis étoilé**, 6 **grains de cardamome** dans son double de volume d'eau environ 15-20 min, en fonction du grain choisi. Passer le riz à l'écumoire dès qu'il est cuit (tendre sous la dent). Saler selon le goût et détendre avec 2 c. à s. d'**huile d'olive**. Plonger 5 **tomates** dans de l'eau bouillante pendant 15 sec, les laisser refroidir, les peler, les épépiner et les couper grossièrement. Peler et couper grossièrement 2 **gousses d'ail**. Passer à la vapeur pendant 5 min avec la ½ gousse de vanille ouverte. Presser dans une écumoire et mélanger au riz avec les grains de vanille grattés. Ajouter 2 c. à s. d'huile d'olive. Rectifier l'assaisonnement. Servir chaud ou tiède.

Risotto ○ instantané au curry doux ○ et nid de poireaux au miel

Précuire 2 tasses de **riz complet** rond ou long. Réserver. Dans une casserole, porter à ébullition en fouettant 1 verre d'**eau de source**, ½ verre de **vin blanc** avec 1/3 de **cube de bouillon végétal**, 1 c. à c. de **kuzu**, 1 c. à c. de **poudre de curry**, 1 **gousse d'ail** et 1 **échalote** moyenne hachée. Après 4 min de cuisson, blender avec 2 c. à s. de **riz précuit**. Mélanger au riz précuit. Rectifier l'assaisonnement. Servir chapeauté d'un **nid de poireaux au miel** (p. 108).

On se simplifie la vie ! On se précuit plus de riz et on réutilise ce qui reste le lendemain pour la salade de riz complet au curcuma.

Salade de riz ○ au curcuma ●, à l'émincé de chou ● et germes de soja ●

Faire sauter au wok 2 min dans 1 c. à s. d'**huile d'olive** 1 verre de **chou vert** émincé, 1 **gousse d'ail** pressée, 1 verre de **courgette** épépinée coupée en brunoise et 1 verre de **graines germées de soja**. Réserver dans un plat. Réchauffer dans le même wok 2 verres de **riz complet** déjà cuit à l'eau avec un peu de **poudre de curcuma** (il deviendra tout jaune, pas la peine de dire à tout le monde que c'est du riz complet !) et rajouter aux légumes. Assaisonner avec 3 c. à s. d'huile d'olive, 1 c. à s. de **tamari**, 1 c. à c. de **sirop d'agave**, 1 petit **piment vert** ○ épépiné et coupé très finement (facultatif) que vous aurez mélangés. Décorer avec des **cacahuètes** ● brisées et éventuellement réchauffées 30 sec au wok et des **feuilles de coriandre** ciselées.

Des légumineuses qui germent pour notre bien

À l'exception des azukis (p. 92), on fait germer toutes les légumineuses (12 h dans l'eau et 48 h à température ambiante, rincer matin et soir). Elles deviendront digestes, bioactives (p. 153) et basiques. Dans le cas contraire, elles nous acidifieront sur pied. Et tant pis pour certains végétariens qui n'ont rien compris !

Taboulé instantané de quinoa ● aux herbes fraîches ●●

Faire tremper 200 g de **quinoa** dans de l'eau pendant 6 heures, le cuire à la vapeur 4 min, le laisser refroidir avec un peu d'**huile d'olive** et de jus de **citron vert** ●.

Assaisonner avec des filaments de zestes de **citron vert**, **amandes** rôties à l'huile d'olive et grossièrement concassées, 1 **piment vert** ○ frais finement coupé, minicubes de **concombres** ● et **courgettes** ●, **persil plat** ● haché et **menthe** ciselée, **sel de Guérande**.

Particulièrement riche en protéines, le quinoa est, avec le riz complet, une des céréales les moins acidifiantes pour l'organisme. Alterner les versions quinoa blanc, rouge ou noir.

Salade de lentilles ● à la moutarde violette ○
et aux tomates confites ●

Passer vapeur 2 verres de **lentilles vertes ou noires** trempées et germées 2 jours. Préparer une vinaigrette avec 1 c. à c. de **moutarde violette** (épiceries fines), 1 c. à s. de **vinaigre de cidre**, 2 c. à s. d'**huile d'olive** et 1 c. à s. de **tamari**. Mélanger avec les lentilles vapeur et 1/2 verre de **tomates confites** ciselées (voir MCE).

Servir en accompagnement d'une assiette végétarienne ou en entrée, posée sur un carpaccio de légumes. Astuce pour que votre salade de lentilles tienne dans un emporte-pièces : mixer les ingrédients de la vinaigrette avec 3 c. à s. de lentilles cuites et mélanger au restant des lentilles avant de dresser.

Caviar d'azukis ●

La veille, faire tremper 200 g d'**azukis** et 1 verre d'**amandes** dans de l'eau de source et séparément. Le lendemain, cuire les azukis pendant 35 min dans une eau salée additionnée d'une **algue kombu**. Pendant ce temps, couper grossièrement 6 **échalotes** moyennes ●, 2 **gousses d'ail** et les faire revenir doucement dans 2 c. à s. d'**huile d'olive** pendant 3 min. Rajouter 3 c. à s. d'**eau de source** et 1/3 de **cube de bouillon végétal**. Faire cuire doucement pendant 8 min encore. Mélanger avec les azukis cuits et les amandes pelées. Passer le tout à l'extracteur, mode purée, ou hacher finement au couteau. Présenter en quenelles ou à l'emporte-pièce sur un carpaccio de légumes. Se sert aussi sur des toasts d'épeautre ou avec des galettes esseniennes ●. Se conserve quelques jours au frigo.

Les **azukis** sont les protecteurs des reins. Comme les Japonais, on s'en fait des perfusions en hiver lorsque les reins se trouvent fragilisés dans leur énergie. Les reins en bonne santé sont souverains pour la libido, neutralisent les risques de cernes autour des yeux et de cellulite sur l'arrière des cuisses. Que du bonheur !

Purée de bintjes ● à l'huile d'olive et au basilic frais ●

On se cuit 6 **pommes de terre** moyennes (variété bintjes) pelées à l'eau et on se les écrase quand elles s'effondrent en gardant un fond d'eau de cuisson. On rajoute 3 c. à s. d'**huile d'olive**, 1 c. à s. d'**huile d'olive parfumée au basilic** (ou 2 gouttes d'huile essentielle de basilic) et du **sel de Guérande**. Juste avant de servir, on ajoute quelques **feuilles de basilic** frais déchirées.

Purée de patates douces ● aux piments ○

On remplace les bintjes par des patates douces que l'on se cuit plutôt à la vapeur pour moins en abîmer les précieux composants. On remplace le basilic par un rien de purée aux piments.

Les patates douces pour voir les yeux grand ouverts. Elles sont très riches en caroténoïdes, puissants antioxydants qui nous prémunissent entre autres contre le vieillissement cellulaire, la cataracte et la dégénérescence maculaire. Nous, on ne porte des lunettes que parce que nous sommes des stars !

Charlottes ● soufflées au four, parfum de romarin et de thym frais ●

Laver et essuyer 4 **charlottes** moyennes et les couper en deux dans le sens de la longueur. Les déposer sur une plaque allant au four. Parsemer de quelques **feuilles de thym ou de romarin** frais ciselé et d'un rien de **sel de Guérande** et verser un tout fin filet d'**huile d'olive**. Les faire rôtir 20 min à four chaud (160°C). Elles sortiront du four toutes boursouflées et bien dorées, un régal qui nous ferait bien oublier nos frites nationales.

Salade de pommes de terre grenaille ● aux olives noires ● et aux oignons de printemps ○

Peler et couper 4 **charlottes** en brunoise. Passer à la vapeur 4 min environ, les cubes doivent rester fermes. Refroidir sous un filet d'eau froide et réserver. Dénoyauter 16 **olives noires** et les couper grossièrement. Couper finement 3 **oignons de printemps**. Mélanger le tout avec 3 c. à s. d'**huile d'olive** et 1 c. à s. de **vinaigre de cidre** ● . Parsemer de **feuilles de basilic frais** ● . **Sel de Guérande**, **poivre du moulin**, **mélange d'algues au curry** (p. 149) ● .

Chips minute de charlottes ● au four, pointe de romarin frais ●

À faire en dernière minute. Couper 2 **charlottes** en chips à la mandoline. Les déposer en 4 jolies rosaces sur la taque du four préalablement huilée. Ajouter un filet d'**huile d'olive** et du **thym** ou du **romarin** frais émietté. Cuire à four chaud 5-6 min. Servir aussitôt.

Galettes aux trois riz ○

Faire pré-tremper durant 6 heures 30 g de **riz sauvage**, 30 g de **riz rouge de Camargue** et 80 g de **riz glutineux**. Les faire cuire dans le double de leur volume d'eau salée. Assaisonner de 1 c. à s. de **mélange d'algues au curry ou au poivre rose** (p. 149). Former de petites galettes et réchauffer à la poêle 2 min de chaque côté.

Délicieux avec un houmous aux courgettes (p. 141) ou un houmous de pois chiches (voir MCE).

Vive le riz glutineux !

C'est lui qui permet à la galette de tenir sans y mettre d'œuf (association pas très énergétique). On se le choisit complet, on cherche un peu pour le trouver, c'est tout. À défaut, on en prend du blanc chez les Japonais.

LÉGUMES

Salade fraîche aux enzymes de fruits ●○●● , vinaigrette mandarine

Mélanger 2 bols de feuilles de **salade de saison** ● avec ½ bol d'**oignons rouges** ○ coupés en fines lamelles, ½ bol de **papaye** ● même pas mûre et ½ bol d'**ananas** ● victoria bien mûr, quelques feuilles de **basilic** et de **cresson**. Arroser avec une **vinaigrette mandarine** (p. 146) et servir aussitôt en entrée.

Les fruits, on le sait, ne font pas bon ménage avec le reste de l'assiette. Donc, pour les digérer sans souffrir, on devrait les consommer loin des repas. L'ananas et la papaye font un peu bande à part car ils contiennent des enzymes digestives de très haute qualité mais qui disparaissent dès qu'on les cuit. À consommer donc juste avant, pendant ou même après un plat cuit dont les enzymes auront été neutralisées.

Crème de courgettes ● aux feuilles de kifir (lime) ●

Cuire à la vapeur 2 **échalotes**, 1 **gousse d'ail**, 2 **feuilles de lime** pendant 4 min. Ajouter une **courgette** débitée en grosses rondelles et cuire encore 3 min.

Blender le tout avec 2 c. à s. d'**huile d'olive** ou d'**huile de raisin**, ½ **piment oiseau vert** épépiné ○ (facultatif), ¼ de **cube de bouillon végétal**, et entre ½ et 1 verre d'eau de cuisson, en fonction de la consistance souhaitée. Ajouter 1 pincée de **sel**. Servir aussitôt la crème décorée de **graines germées** ○ ou de quelques **feuilles de laitue** ● chauffées au wok durant quelques secondes avec un rien de **gingembre** ○ frais haché et 1 goutte d'**huile d'olive**.

Variante : on se remplace la courgette par un légume de saison : le fenouil ●, le chou-fleur ●, le brocoli ●, le chou ●,…

Essentiel le bon blender

Le principe de ces crèmes de légumes mi-cuites est de conserver le maximum de vitalité aux légumes. Indispensable donc d'avoir un blender très performant. Le top reste le Vitamix (grand format) ou le Blender 200 tribest (1 ou 2 personnes max.).

Crème de topinambours ● au basilic ●, crevettes grises ● de Nieuwpoort

Couper 6 **topinambours** en deux et les passer à la vapeur *al dente* 4-5 min avec 1 **échalote** et 1 **gousse d'ail**. Laisser refroidir et peler les topinambours. Blender le tout avec 2 c. à s. d'**huile d'olive**, ¼ de **cube de bouillon végétal**, 1 pincée de **sel** et ½ tasse de **feuilles de basilic**. Décorer, si vous en avez sous la main, de **crevettes grises** décortiquées à la main. Un délice !

Crème de butternut ● et de châtaigne ● au curry ○, et aux algues rôties ●

Passer à la vapeur durant 5 min 2 bols de *butternut* (ou de potiron) pelé avec 2 **échalotes**, 1 **gousse d'ail**, 150 g de **châtaignes** précuites emballées sous-vide (rayon frais) et ½ c. à c. de **mélange spécial curry** (p. 149). Blender avec 1 verre d'eau de cuisson, 2 c. à s. d'**huile d'olive** et 1 c. à s. d'**huile de noix**, 1/3 de **cube de bouillon végétal** et 1 pincée de **sel**.

Réhydrater ½ verre d'**algues noires** séchées type *aramé* dans de l'**eau de source** pendant 5 min. Égoutter en pressant toute l'eau résiduelle. Faire sauter à la poêle avec 2 c. à s. d'**huile d'olive** pendant 5 min. Rajouter 1 c. à s. de **tamari** et prolonger pendant 2-3 min. C'est prêt.

Salade de courgettes ● à la mayonnaise de sésame ●

Préparer 2 bols de peau de **courgette** finement écheverlée à la mandoline. Mélanger avec 4 c. à s. de **sauce au sésame et à la menthe** (p. 141). Servir sur un carpaccio de légumes : **concombres**, **cœurs de fenouil**, **carottes** ou **navets** coupés en fines tranches à la mandoline et marinés 30 min dans 2 c. à s. d'**huile d'olive**, ½ c. à s. de **thym** frais émietté, 2 c. à s. de **citron** ou 1 c. à s. de **vinaigre de cidre** et ½ c. à c. de **sel de mer**. On peut remplacer la courgette par du chou blanc ou vert, cru et émincé. On se fait alors le plein de vitamine C, de calcium, de magnésium et de lutéine (famille des caroténoïdes, antioxydants puissants qui protègent contre certains cancers dont le cancer du colon, le vieillissement cellulaire et les maladies infectieuses).

Tartare de tomates ● et concombres ● ,
parfum de citron vert ● et pamplemousse ●

Couper en petits cubes d'½ cm 2 **tomates** pelées, 1/3 de **concombre** et ½ **oignon rouge**. Ajouter quelques brins de **persil** finement haché. Assaisonner avec 2 c. à s. d'**huile d'olive**, 1 petit **piment oiseau** frais épépiné et finement haché, 1 **gousse d'ail** pressée, 2 c. à s. de jus de **citron vert** et 2 c. à s. de jus de **pamplemousse jaune**. **Sel** et **poivre** du moulin. Dresser sur l'assiette à l'aide d'un emporte-pièce.

Variante : tartare de tomates de plein été

Elles sont tellement délicieuses qu'elles se suffisent presque à elles-mêmes. On se les pèle, on se les épépine, on se les coupe en fine brunoise et on se les assaisonne avec de l'huile d'olive, du sel de Guérande et du poivre. On se le sert entouré d'un coulis de courgettes jaunes (p. 142). Un délice !

Aspic de poivrons rouges ● et tomates ● au curcuma ●

Peler et épépiner 2 **poivrons** et 2 **tomates**. Les cuire à la vapeur pendant 5 min avec 2 **gousses d'ail**. Fouetter et maintenir à ébullition 100 ml d'eau bouillante avec 1 g d'**agar-agar** en poudre. Mixer finement le tout et rectifier l'assaisonnement. Distribuer dans les verrines et faire prendre au frigo.

Épépiner et découper en minibrunoise 8 **tomates cerises** et mélanger avec 2 pincées de **poudre de curcuma**, 1 c. à s. d'**huile d'olive** et 1 pincée de **sel**. Poser sur les verrines et terminer avec 1 pincée de **poivre** et 1 dernier filet d'huile d'olive. Décorer avec 1 **feuille de basilic** ou 2 tiges de **ciboulette**.

Variante : mousse de poivrons tomatée
On se contente de mixer le mélange tomate-poivron vapeur et on assaisonne avec un rien de sel et de poivre. Un pur délice 100% nature !

Pak soy ● rôti au gingembre ○

Nettoyer 4 petits **pak soy**.

Les couper en deux ou en quatre dans la longueur et les blanchir 2 min à l'eau bouillante.

Avant de servir, les réchauffer doucement dans une sauteuse avec un peu d'**huile d'olive** parfumée avec 1 **gousse d'ail** pressée et 1 c. à c. de **gingembre** en julienne.

Fricassée de cœurs d'artichaut ● au persil plat ●

Enlever les grosses feuilles de 4 **artichauts violets** et les étêter jusqu'à mi-hauteur. Couper les tiges en ne laissant que 2 cm. Les badigeonner de **citron** pour éviter l'oxydation. Chauffer le wok avec 4 c. à s. d'**huile d'olive**. Émincer les cœurs d'artichaut à la mandoline et les jeter immédiatement dans le wok. Les retourner sans arrêt. Après 2 min, rajouter 2 **gousses d'ail** pressé et prolonger la cuisson pendant 3 min. Retirer du feu, ajouter 1 c. à c. de **sel de Guérande** et 1 verre de **persil plat** haché. Se déguste sans tarder avec des **pâtes** *al dente*, 1 filet d'**huile d'olive** et quelques tranches effeuillées de **jambon de Parme**. Facile la vie !

Étuvée de blancs de poireaux ○,
béchamel au curry doux ○ et croûtons d'épeautre ●

Passer 12 fins blancs de **poireaux** tout entiers à la vapeur pendant 3 min. Ils doivent rester verts fluo. Les servir immédiatement, nappés de **sauce béchamel au curry doux** (p. 144) et parsemés de croûtons de **pain d'épeautre** revenus dans un rien d'**huile d'olive**.

Variante toute froide. Refroidir les poireaux sous l'eau froide dès la fin de la cuisson. Les servir simplement avec une vinaigrette toute simple à l'huile d'olive et au vinaigre de cidre. Parsemer de persil plat ciselé. C'est fin, facile et délicieux.

Salade de chou-fleur ● et de fenouil ● aux parfums de curcuma ● et coriandre

Couper 2 têtes de **chou-fleur** en lamelles d'½ cm d'épaisseur et les cuire 2 min dans 1 l d'eau bouillante additionnée d'1 c. à c. de **poudre de curcuma**. Refroidir aussitôt. Découper 2 **cœurs de fenouil** en fines lamelles et les cuire 3 min dans 1 l d'eau bouillante additionnée du jus d'1 **citron**. Refroidir aussitôt. Dans un saladier, mélanger 4 c. à s. d'**huile d'olive**, 2 c. à s. de **vinaigre de cidre**, 2 c. à s. d'**huile de pépin de raisin**, et le jus d'1 **citron**. Mélanger avec les légumes mi-cuits, ½ **oignon rouge** coupé en fines lamelles, ½ verre de **coriandre** ciselée ou de **feuilles de basilic** et 1 c. à s. de **mélange d'algues au curry ou au poivre rose** (p. 149).

Variante : on peut ajouter des haricots à couper, coupés en biais, cuits à l'eau pendant 3 min et refroidis.

Guacamole ● à la coriandre fraîche

Écraser la chair de 2 **avocats** bien mûrs à la fourchette et mélanger avec le jus d'1 **citron vert**, 3 c. à s. d'**huile d'olive**, 1 c. à s. de **coriandre** fraîche hachée, 1 petit **piment vert** épépiné et finement ciselé et ½ c. à c. de **sel de Guérande**. Étaler sur des tranches de pain d'épeautre au levain légèrement toastées. Décorer avec des **graines germées**.

Petit-déjeuner grande forme, le plein de protéines végétales et de vitamine E, antioxydant puissant qui nous booste aussi la fertilité. En avant, les beaux bébés ! On est tellement convaincus que l'on s'en refait un pour l'apéro, des fois que…

Aubergines ● rôties aux parfums de miel et de curry ○

Choisir 4 **aubergines** fines et allongées. Les couper en quatre dans le sens de la longueur, les arroser d'un mélange de 4 c. à s. d'**huile d'olive**, 2 c. à c. de **miel d'acacia ou** de **sirop d'agave**, 1 c. à c. de **poudre de curry doux**, 2 **gousses d'ail** pressées et 1 c. à c. de **sel de Guérande**. Passer immédiatement au four (160°C pendant 20 min). Servir aussitôt.

Fondue de poireaux ○ au miel

Couper 8 blancs de **poireaux** en toutes fines lanières comme des spaghettinis. Les passer vapeur 2 min et refroidir. Les faire dorer au wok avec 2 c. à s. d'**huile d'olive** en les retournant sans arrêt. Au bout de 2 min, rajouter 1 c. à s. de **miel d'acacia ou** de **sirop d'agave**, retourner encore pendant 1 min, rajouter ½ c. à c. de **sel de Guérande**. Présenter sous forme de nid, en accompagnement de viande ou de poisson.

Crème d'aubergines ● aux amandes et parfum de lime, beluga de lentilles ●

Peler 2 **aubergines**, les couper en gros cubes et les passer à la vapeur pendant 3 min avec 2 **gousses d'ail**. Blender avec 5 c. à s. d'**amandes** pelées **ou** de **pignons**, 4 c. à s. d'**huile d'olive**, 3 feuilles de **kifir**, le jus d'½ **citron**, ¼ de **cube de bouillon Morga**, ½ c. à c. de s**el de Guérande**. **Poivre du moulin**. Distribuer dans des verrines et décorer avec 1 c. à s. de **lentilles** germées (voir p. 90), puis passées à la vapeur 4 min, légèrement assaisonnées avec de l'**huile d'olive** et du **vinaigre de cidre** et enfin décorées avec 1 **tomate** confite.

Variante : pour blanchir la crème, on augmente un peu la quantité de pignons. On se la sert aussi en quenelles, en accompagnement d'une céréale, d'un poisson ou d'une viande, soulignée d'un coulis coloré comme un coulis aux carottes ou aux poivrons (voir MCE).

PROTÉINES DE LA MER

Aller-retour de thon ● au gingembre ○ , panaché de sauces crues, parfum de gomasio ● aux feuilles de nori ●

Saler et poivrer 4 pavés de **thon** de 150 g et les passer à la poêle 30 sec recto-verso dans un filet **huile d'olive** chaude.

Couper des tranches de 1 cm d'épaisseur.

Servir avec un **trio de sauces plus ou moins piquantes**.

Décorer avec une minijulienne de **gingembre** et **oignon de printemps** finement coupés, accompagnée d'une **salade de roquette et fines tranches de fenouil cru**, assaisonnée d'**huile d'olive**, **sel de Guérande** et **gomasio aux feuilles de nori** (p. 149).

Ceviche de cabillaud ● aux épices douces ○

Couper 250 g de **cabillaud** (ou autre poisson blanc) en petits cubes.

Les faire mariner au frigo dans 4 c. à s. d'**huile d'olive** fouettée avec ½ c. à c. de **graines de coriandre** écrasées, 1 bâton de **cannelle** fendu en trois, 1 **fleur d'anis étoilé**, le jus de 2 **citrons verts** et **sel de Guérande**.

Servir avec des petits dés de **concombre** cru, des filaments de **zeste de citron vert** et 1 petit **piment vert** finement haché pour les amateurs d'émotions plus fortes.

La cannelle exerce un effet équilibrant sur la glycémie et le cholestérol, la coriandre et l'anis étoilé sont particulièrement digestifs.

Le poisson gras servi cru conservera intacts les fameux oméga 3 très sensibles à la chaleur. Ceux-ci sont essentiels à notre bon équilibre neurologique et cardio-vasculaire, et participent également au bon développement de notre immunité.

Crevettes ● sautées à l'ail ○ et au gingembre ○

Couper 16 **crevettes** étêtées ou non en deux dans la longueur sans en détacher les parties et ôter l'intestin, ajouter du **sel de mer**, du **gingembre** râpé, un rien d'**ail** pressé, du **piment d'espelette** en poudre et un fin filet d'**huile d'olive**.

Passer sous le grill du four 3 min. Déposer sur une assiette et servir avec une sauce piquante ou une mayonnaise à l'avocat et pamplemousse (p. 141).

Flan de turbot ● en robe de courgette ●

Couper à la mandoline 8 fines tranches de **courgette** en restant loin des pépins (on se garde l'intérieur pour une crème de légumes ou un houmous aux courgettes), cuire 30 sec à la vapeur, refroidir et décorer les parois de 4 ramequins.

Passer à la vapeur 200 g de chair de **poisson blanc** en morceaux (turbot, lotte, cabillaud, sandre, etc.) durant 4 min avec 1 échalote coupée en six et 1 **gousse d'ail**. Blender avec le jus d'1 **citron vert**, 1 c. à s. de **purée d'amandes blanches**, 1 petit **piment vert** épépiné (facultatif) et 2 feuilles de **kifir** (citronnier thaï). Faire bouillir en fouettant pendant 3-4 min dans 1 verre d'**eau de source** avec ½ **cube de bouillon végétal** et 1 g d'**agar-agar** (ou plus si nécessaire, mais ne pas dépasser 2 g pour 700 ml de préparation – voir graduation sur le blender). Blender avec le reste, rectifier l'assaisonnement et verser aussitôt dans les ramequins. Laisser refroidir 30 min au frigo, démouler sur une assiette, décorer avec ce que vous voulez de frais (ciboulette, graines germées) et servir avec la sauce de votre inspiration, vous n'en manquez plus (ni de sauce, ni d'inspiration puisque vous êtes déjà – ou presque – une bombe…).

On évite le bar victoria s'il vient vraiment du lac Victoria (Égypte). Les piscicultures intensives de ce poisson sont en train de créer un véritable désastre écologique dans la région.

Hypocuisson de maquereau ● aux parfums de gingembre et de coriandre ○

Faire lever 4 **filets de maquereau** par votre gentil poissonnier. Les retourner dans un mélange **huile d'olive**, jus de **citron vert**, **sel de mer** et les cuire en hypocuisson pendant 7-8 min. Enlever la peau et émietter la chair. Mélanger avec 2 c. à s. d'huile d'olive, 1 c. à s. de **coriandre** fraîche ciselée, 1 c. à c. de jets de **gingembre** frais, **sel** et **poivre du moulin**.

Se sert en verrines ou à l'emporte-pièce retourné sur l'assiette. À essayer avec une sauce piquante ou un coulis de légumes (MCE).

Le maquereau et la sardine, chefs de file des bons oméga 3.
Au plus on remonte dans la chaîne alimentaire, au plus les poissons gras, que nous chérissons tant depuis que nous sommes devenus intelligents et tout et tout, risquent d'être contaminés par de méchants polluants. On préfère donc la sardine et le maquereau au thon et au saumon.

L'hypocuisson au four à 80°C empêche la dénaturation toxique des protéines animales. Inratable et hyperfacile, elle assure une tendreté et un «juteux» extraordinaire aux viandes et aux poissons. Outil indispensable pour contrôler la température : un thermomètre de four (chez tous les bons quincailliers).

Tartare de thon ● au fenouil ●
et oignons de printemps ○

Découper 300 g de **thon** en petits cubes d'½ cm de côté et mélanger avec 4 c. à s. de **fenouil** en minibrunoise (minicubes de 3 mm de côté), 2 c. à s. d'**oignons de printemps** finement coupés et 1 c. à c. de **piment oiseau vert** (facultatif, selon le goût), 1 c. à c. de **sel marin**, 4 c. à s. d'**huile d'olive** et ½ c. à c. de **poivre noir** moulu ou d'un mélange de 3 poivres.

Réserver au frais. Juste avant de servir, ajouter 2 c. à s. de jus de **citron vert** et distribuer dans des verrines. Décorer avec des **graines germées** ou des croissants de **fenouil** cru.

Poêlée de coquilles Saint-Jacques ● , beurre blanc
sans beurre, parfum de pamplemousse ●
et d'anis étoilé ○

Bien éponger 16 **Saint-Jacques** et les poêler 1 min doucement dans l'**huile d'olive** et le **beurre clarifié** pour qu'elles deviennent bien dorées (chair à l'intérieur à peine cuite).

Servir avec un pak soy au gingembre et une sauce piquante ou un beurre blanc à l'anis étoilé et un nid de poireaux au miel (p. 110).

Beurre blanc sans beurre à l'anis étoilé : faire réduire dans une casserole sans couvercle pendant 10 min 1 verre d'**eau de source**, ½ verre de **vin blanc** (facultatif), ½ verre de **pamplemousse jaune**

(pas le rose !), 1 **échalote** et 1 **gousse d'ail** hachées avec 2 **fleurs d'anis étoilé**, ½ c. à c. de **bouillon végétal**, ½ c. à c. de **mélange d'épices au curry** (p. 149), ½ c. à c. de **sel de mer**. Retirer les 2 anis étoilés, mixer le bouillon avec 4 c. à s. d'**huile d'olive** et 1 c. à s. de **crème fraîche de soja**. Servir aussitôt ou placer dans un thermos pour tenir au chaud.

Variante : émulsion au pamplemousse

Passer vapeur 1 **échalote** et 1 **gousse d'ail**. Mixer avec le jus d' ½ **pamplemousse jaune**, ½ verre d'**huile d'olive**, 1 pincée de **sel et poivre** selon goût.

On ne s'en remet pas tellement c'est simple et délicieux !

Pour les accros au goût, **le beurre clarifié** ou *ghee indien* peut remplacer l'huile d'olive pour la cuisson. Pour l'obtenir : faire fondre tout doucement 500 g de beurre en casserole, quand l'écume blanche est bien remontée, replacer au frigo pour le figer, retirer l'écume durcie, ce qui vous reste est le beurre clarifié. Il se conserve durant des semaines.

Salade de raie • à la laitue de mer •

Faire lever 2 **filets de raie** par votre gentil poissonnier. Saupoudrer d'un soupçon de **curcuma ou** d'1 **mélange d'algues** (p. 149), 1 jus de **citron vert** additionné de **sel de mer** et cuire vapeur 3 min. Laisser refroidir, détacher les lamelles et mélanger avec 2 c. à s. d'**huile d'olive**. Corriger l'assaisonnement et réserver.

Préparer la **laitue de mer** fraîche en barquette de 150 g, conservée au sel. On la rince plusieurs fois pour la désaler et la débarrasser de ses résidus de sable, ensuite on l'éponge et on la hache grossièrement avant de la mélanger avec 1 c. à c. de **gingembre râpé**, 1 c. à s. d'**oignons de printemps** coupés très fins, 2 c. à s. de **mélange d'herbes fraîches**, 1 c. à c. de **piment vert** frais haché (facultatif), 2 c. à s. d'**huile d'olive** et 1 c. à s. d'**huile de sésame** ou de pépin de raisin. On rectifie l'assaisonnement avec une pointe de **tamari** pour remplacer le sel si nécessaire.

On passe à l'emporte-pièce, en commençant par la salade de laitue de mer et en finissant par la salade de raie. On tasse bien avant de démouler. On peut décorer avec quelques brins d'algue aramé déshydratée que l'on réhydrate à l'eau de source quelques minutes, que l'on éponge et que l'on fera revenir à l'huile d'olive jusqu'à ce qu'elle redurcisse avant de la mélanger avec un soupçon de tamari. Servir avec une sauce verte piquante.

Variante : on remplace la laitue de mer fraîche par la même déshydratée ou par n'importe quel mélange d'algues en préférant les fines noires comme base de mélange (*aramé* ou *wakamé*).

Filets de raie ● au curry doux ○,
brunoise d'aubergine ● au gingembre frais ○

On cuit tout doucement à la poêle ces mêmes **filets de raie** en les retournant après 2 min à peine.

On coupe 1 **aubergine** en fine brunoise (dés d'1 cm de côté) et on les fait revenir dans 3 c. à s. d'**huile d'olive** et 1 c. à c. de **gingembre** rapé. **Sel** et **poivre** à la toute fin. Distribuer la brunoise sur 4 assiettes, poser par-dessus 2 demi-filets de raie en quinconce. Servir avec une sauce piquante, une mayonnaise à l'avocat, une sauce mousseuse crue à la coriandre ou une émulsion toute simple au pamplemousse (p. 121).

Hypocuisson de cabillaud ● , spaghettis de légumes ●
et sauce thaï ● ○ ●

Retourner 4 **blancs de cabillaud** de 150 g dans 4 c. à s. d'**huile d'olive**, 1 c. à s. de **thym** frais et tendre émietté, ½ c. à c. de **sel de mer** et 1 c. à s. de jus de **citron vert**. Cuire en hypocuisson (80°C) pendant 20 min environ. Contrôler la cuisson à la fourchette et retirer du four aussitôt.

Servir sur des assiettes chaudes avec des **courgettes** et **carottes** passées à la spaghettiseuse (bonnes quincailleries et magasins de matériel de cuisine) que vous avez fait revenir pendant 30 sec à l'**huile d'olive** parfumée de **gingembre** frais et d'une pointe d'**ail** pressée. Ne pas saler. Servir avec une **sauce piquante à la thaï** par exemple (p. 143).

PROTÉINES PAS DE LA MER

Mignonnette de porc ● en hypocuisson, parfum de thym ● et grains de moutarde ○

On demande à notre gentil boucher de nous dégraisser 1 **mignonnette de porc** (600 g, environ 15 cm de haut) et on la roule dans un mélange de **grains de moutarde jaunes et noirs** (plus piquantes) broyés (2 c. à s.), **thym** sec ou frais (1 c. à s.) et **sel** (1 c. à c.). On la cuit en hypocuisson (80°C) pendant 1h30 et c'est prêt. Découpée en fines tranches servies tout de suite accompagnées d'un coulis coloré tomate – p. 136 – ou poivron, ou le lendemain en assiette froide avec une salade ou dans un sandwich, un pur régal.

Un filet pur cuira plus vite : compter 50 min. La viande est cuite lorsqu'elle devient ferme sous la pression du doigt.

Info saveur pour les bûcherons : le thym et le romarin frais ● soutiennent l'énergie du cœur et de l'intestin grêle ; séchés ○ , celle du poumon et du gros intestin.

Les graines de moutarde sont excellentes pour la santé. Particulièrement riches en enzymes et en antioxydants, *sélénium* en tête. Ceux-ci seront d'autant mieux libérés si les graines sont broyées juste avant de les consommer et d'autant mieux préservés si elles sont cuites à basse température.

Version du dimanche. On rajoute au mélange 3 c. à s. d'huile d'olive, 2 c. à s. d'estragon frais finement haché et on remplace le sel par 1 c. à s. et ½ de tamari. Après cuisson, on déglace le plat avec 1 verre d'eau bouillante, 1 c. à c. de moutarde en grains et 1/3 cube de bouillon végétal. Quelques tours de fouet, on retire du feu et on refouette avec 3 c. à s. de sauce soja cuisine. L'illusion finition crème est parfaite !

Salade de chèvre ● aux aromates frais ● et citron vert ●

Mélanger une **boule de chèvre au lait cru** avec ½ verre d'**aromates frais** (estragon, romarin, thym, basilic, etc.) grossièrement coupés, 3 c. à s. d'**huile d'olive** et le jus d'1 **citron vert**. **Poivre du moulin**. Servir sur des toasts d'épeautre au levain ou avec une ribambelle de légumes cuits *al dente*, réchauffés au wok avec un rien d'huile d'olive et de romarin frais, et 1 coulis au choix (voir MCE).

On préfère le lait de chèvre. On préfère les fromages non dénaturés au lait cru et toujours riches en bonne lactase chargée de neutraliser la lactose allergisante et on arrête d'écouter les sirènes alarmistes de certains *lobbies* qui sont chargés de nous faire croire que les fromages pasteurisés et industriels seraient moins dangereux (sic !) pour notre santé. Pour éviter tout risque de listériose, on se fabrique une bonne immunité et on contrôle quand même que ce fromage a bien été concocté dans de bonnes conditions d'hygiène. On préfère plutôt le lait de chèvre au lait de vache, question d'enzymes qui nous vont mieux.

Gâteau de mozzarella ● aux légumes grillés ●

Couper à la mandoline 2 **courgettes**, 1 **cœur de fenouil** et 1 **auber-gine** en tranches d'½ cm d'épaisseur. Les marquer recto-verso (10 sec de chaque côté) au grill chaud, laisser reposer avec 1 filet d'**huile d'olive** mélangé avec 1 c. à s. de **persil plat** haché et 1 **gousse d'ail** pressée. Couper 2 **boules de mozzarella** en tranches. Couper les légumes selon la forme de l'emporte-pièce. Dresser en gâteau avec l'emporte-pièce. Décorer avec quelques **graines germées**, 1 filet d'**huile d'olive** et 1 tour de moulin à **poivre**.

On préfère le lait de buffle
Plus riche en oméga 3 que le lait de vache traditionnel, plus facile à métaboliser aussi, on le choisit artisanal. On en trouve de très bons en grandes surfaces.

Pour ceux qui continuent à s'évanouir devant un produit laitier, on remplace la mozzarella par un tour de légumes en plus.

Et on prépare plus de légumes que prévu. Ceux-ci, découpés en biais en forme de *penne*, feront juste l'affaire, le lendemain pourquoi pas (on apprend à économiser ses mouvements), accordés avec des pâtes, blanches au blé dur ou mi-complètes cuites *al dente*, une tapenade d'huile d'olive aux amandes (voir MCE) et une retouche d'huile d'olive au persil plat et à l'ail cru additionné de sel de Guérande. Le bonheur, c'est parfois si simple !

Salade de poulet ● aux épices ○ , fenouil ● et chou-fleur ○

Demander à votre boucher de vous trancher 2 **blancs de poulet** en fines escalopes. Les faire mariner dans 4 c. à s. d'**huile d'olive** et 1 c. à s. de **mélange d'algues au curry** pendant minimum 4 heures. Les passer doucement sur le grill, 3 min de chaque côté, et les couper en tranches biaisées, façon *penne*. Mélanger délicatement avec notre **salade de chou-fleur et de fenouil** (p. 105).

Les choux crus ou cuits, question de saveur : d'une saveur piquante ○ quand ils sont consommés crus ou *al dente*, ils passent au doux ● quand ils sont bien cuits. Cette fois-ci, c'est bien l'énergie du poumon et du gros intestin que l'on régale.

Les choux, alicaments anticancer

Ils ont tout ce qu'il faut pour nous rendre inoxydable : vitamine C en pagaille, vitamines du groupe B8 (chou-fleur) pour l'énergie et B9 (brocoli) pour la construction cellulaire, vitamine K (que du bonheur pour nos os), calcium parfaitement assimilable, dérivés soufrés, flavonoïdes et caroténoïdes (antioxydants puissants).

On n'hésite pas à se les préparer mi-cuits, *al dente* ou carrément tout crus en les passant à l'extracteur (p. 65).

Ballotins de volaille ● farcis aux olives ●, coulis aux deux tomates ●

Faire trancher 2 **blancs de poulet** en fine escalopes de 5 mm d'épaisseur. Assaisonner recto-verso **poivre et sel**.

Blender ¼ berlingot de **crème de soja** avec 2 c. à s. de **chutes de poulet cru**, 1 **gousse d'ail**, quelques brins de **cerfeuil ou** de **persil cru**, ½ **cube de bouillon végétal**, **sel** et **poivre**.

Tartiner les blancs de poulet avec le mélange, déposer en petits fagots quelques allumettes de **courgettes** et **carottes** rapidement poêlées (30 sec) à l'**huile d'olive parfumée à l'ail**, 2 **olives noires** dénoyautées, rouler les blancs et les piquer avec des cure-dents. Cuire en hypocuisson 80°C pendant 35 min.

Couper en deux en diagonale et servir avec un **coulis de tomate** : 2 **tomates** d'été pelées et épépinées, passées à la vapeur 4 min avec 1 **gousse d'ail** et blendées avec ½ verre d'**huile d'olive**, ½ **cube de bouillon végétal**, **sel de Guérande** et quelques filaments de **tomates séchées ou confites**.

Variante : servis avec un coulis de betteraves rouges (voir MCE).

Hypocuisson de veau ●, parfum de Thaïlande ● ● ○

Hacher menu 8 **feuilles de kifir** (sans nervure centrale), 2 **piments rouges oiseaux** épépinés et 5 **cœurs de tiges de citronnelle**. Mélanger avec 3 c. à s. d'**huile d'olive** et 2 c. à s. de **tamari**. Rouler 1 **pièce de veau** de 600-800 g dans le mélange. Cuire en hypocuisson à 80°C pendant 1h30. Servir avec une **sauce piquante ou non à la thaï**.

Hypocuisson de bœuf ● aux baies de poivre vert ○ (ou câpres ●)

Faire revenir 3 min de chaque côté 1 **pièce de bœuf** d'environ 600 g dans 2 c. à s. d'**huile d'olive**. La découper en fines tranches d'1 cm d'épaisseur que l'on dispose légèrement en biais l'une sur l'autre dans un plat allant au four. On décore avec 2 branches de **romarin** frais, 1 c. à s. de **grains de poivre vert au vinaigre** (ou de câpres) et un mince filet d'**huile d'olive**. On passe à four chaud 160°C pendant 7 min ou en hypocuisson (80°C) pendant 30 min. On le sert avec une sauce piquante thaï, une purée de patates douces (p. 93) ou des chips de pomme de terre charlotte (p. 94) et une fondue de poireaux au miel (p. 108).

Farci de chou pointu ○ au poulet ●, parfum de kifir ●

Passer 30 sec à la vapeur 12 belles **feuilles de chou pointu** et refroidir aussitôt. Couper 600 g de **blanc de poulet** en petits dés et les faire mariner 30 min dans 5 c. à s. d'**huile d'olive** parfumée avec 1 c. à c. de **gingembre** râpé, 1 c. à c. de **thym** sec et 1 c. à c. de **mélange de curry de Martine** (p. 149). Passer à la vapeur 3-4 min et mixer avec 6 **feuilles de kifir** et 4 c. à s. de **crème soja cuisine**. Rectifier l'assaisonnement. Emballer dans les feuilles de chou et passer à la vapeur 4 min juste avant de servir.

Idéal avec une mousse de poivrons tomatée ● (p. 103).

SAUCES ET SALSAS

Sauce onctueuse au sésame ● et à la menthe

Mixer finement 6 c. à s. de jus de **citron** avec 6 c. à s. d'**huile d'olive**, 3 **gousses d'ail** vapeur, 6 c. à s. de **tahin blanc** (purée de sésame) et ½ tasse de **feuilles de menthe**. Servir avec des légumes grillés, une bouquetière de légumes ou une salade composée.

Mayonnaise à l'avocat ● et au pamplemousse ●

Blender la chair d'1 **avocat** bien mûr avec 5 c. à s. de jus de **pample-mousse jaune**, 5 c. à s. d'**huile d'olive**, ½ c. à c. de **sel de mer**. Servir en fond de salade, avec des crevettes grillées ou des bâtonnets de légumes à l'apéro.

Houmous au sésame ●
et aux courgettes ● presque crues

Mixer 1 **courgette** pelée et épépinée et 1 **gousse d'ail** passées à la vapeur durant 3 min avec 2 c. à s. de **tahin**, 3 c. à s. de jus de **citron**, 6 c. à s. d'**huile d'olive**, 3 c. à s. d'**huile de sésame**, 1 c. à c. de **sel marin**, 1 c. à c. de **grains de cumin**. Saupoudrer de **piment rouge** en poudre et/ou de **paprika**.

Servir à l'apéritif avec des bâtonnets de légumes, un taboulé de quinoa ou des galettes esseniennes. Une aubaine pour l'apéro si on veut dissocier.

Coulis de courgettes jaunes ● au vinaigre de cidre ●

Passer à la vapeur durant 2 min 2 petites **courgettes jaunes** ou 1 de taille moyenne non pelées et coupées en rondelles avec 3 **gousses d'ail**. Blender avec 5 c. à s. d'**huile d'olive**, 1 c. à s. et ½ de **vinaigre de cidre**, ¼ de **cube de bouillon végétal**, ½ c. à c. de **sel de Guérande**. À servir en décoration d'un tartare de tomates (p. 102).

Sauce balsamique en réduction ● ● ●

Faire réduire à feu doux, juste en-dessous de l'ébullition, 250 ml de **vinaigre balsamique** pendant 5 min tout en fouettant sans arrêt. Réserver.

Dans une autre casserole, monter à ébullition et fouetter pendant 5 min. 250 ml d'eau avec 1 **cube de bouillon végétal**, 3 c. à s. et ½ de **tamari**, 1 c. à s. de **sucre rapadura** et 1 c. à s. de **kuzu** pilé.

Mélanger le contenu des deux casseroles.
Se sert idéalement avec les poissons, viandes et fricassées de légumes.
Se conserve bien au frigo.

Le **kuzu** provient d'une racine d'origine asiatique. Il est souverain en cas de mal de tête, de diarrhée ou de problèmes digestifs. En cuisine, il agit comme un épaississant. De goût neutre, on peut l'utiliser dans les préparations salées ou sucrées. Saupoudré sur les légumes avant de les faire sauter au wok, il leur donne un aspect plus doré et une texture particulièrement croquante.

Sauce crue à la coriandre ●

Mixer 5 branches de **coriandre** fraîche avec 3 c. à s. de jus de **pample-mousse jaune (ou** du **vinaigre de riz japonais)**, 5 c. à s. d'**huile d'olive**, 4 c. à s. d'**huile de pépins de raisin**, 1 pincée de **sel de Gué-rande**. On peut remplacer la coriandre par du basilic ou de la menthe fraî-che. Idéal avec viandes rouges et blanches, poissons ou crevettes grillées.

Sauce thaï piquante que si on veut au citron vert et gingembre ● ● ○

Mélanger 2 c. à s. de **tamari**, 1 c. à c. d'**ail haché** (facultatif), ½ c. à c. de **gingembre** frais râpé (facultatif), 1 c. à s. et ½ de jus de **citron vert**, 2 c. à s. d'**huile d'olive**, 1 c. à s. d'**huile de pépins de raisin**, 1 **piment frais oiseau rouge**, 4 **feuilles de kifir**, le tout finement haché. Idéal avec les poissons, les viandes rouges et blanches.
L'huile de pépin de raisin est très riche en bons oméga 6. Elle est excellente pour la peau. Particulièrement inodore, elle capte et souligne les arômes auxquels on l'associe.

Sauce au parfum de kifir ● ○ ● , piquante que si on veut

Mixer 3 cubes de **courgettes** avec 1 **gousse d'ail** passés à la vapeur 2 min, avec 2 **feuilles de kifir** – épiceries thaï, on se les congèle et on s'en sert à la carte –, 5 branches de **persil plat**, 2 c. à s. d'**eau de source**, 6 c. à s. d'**huile d'olive** et 1 pincée de **sel**. On rajoute, si on veut, 1 **piment vert** épépiné dans le bol du mixer. Idéal avec poissons, viandes rouges ou blanches ou en accompagnement de céréales.

Sauce « comme un tartare » au citron vert et à la coriandre fraîche ● ○

Hacher finement 1 **petit piment** vert frais avec 5 c. à s. d'**oignons de printemps** et les mélanger avec 2 c. à s. d'**huile d'olive**, 5 c. à s. de jus de **citron vert** et ½ c. à c. de **sel de mer**. Délicieux avec des crevettes géantes, un pavé de thon grillé ou un tartare de poisson.

Béchamel détox au curry doux ● ○

Faire revenir doucement en casserole 2 c. à s. d'**huile d'olive** avec 1 c. à s. de **kuzu** pilé et 1 petite **échalote** hachée. Fouetter sans arrêt pendant 3 min, ensuite rajouter 1 verre et ½ d'**eau de source** bouillante, 1/3 de **cube de bouillon végétal**, 1 c. à c. de **poudre de curry** et 1 pincée de **sel**. Faire réduire doucement pendant 3-4 min, blender avec 3 c. à s. de **crème soja cuisine**. Rectifier l'assaisonnement.

Vive la béchamel sans lait, sans beurre et sans farine !

Elle est toute légère et délicieuse. Si on veut la couler sur des choux-fleurs vapeur, on peut rajouter un rien de fromage râpé (au lait cru bien sûr) et par-dessus un peu de chapelure (pain sec d'épeautre passé au blender). On ne fait que réchauffer, sinon la sauce risque de cailler. On peut aussi passer le plat 3 min sous le grill pour rôtir la chapelure.

Pour les enfants, on rajoute des dés de pomme de terre et de poulet ou de rôti de porc/dindonneau froid. Le dîner est servi !

Sauce au gingembre ○ et persil ●

Hacher finement 50 g d'**oignons de printemps** et les mélanger avec 100 ml de **vinaigre de riz**, 1 c. à s. d'**huile d'olive**, 1 petit **piment vert** frais haché, ½ c. à c. de **sel**, ½ c. à c. de **gingembre** frais et 1 c. à s. de **persil plat** haché.
Servir immédiatement.

Sauce au gingembre ○, persil ● et avocat ●

On remplace le vinaigre de riz par le **citron vert** et on rajoute la chair finement hachée d'½ **avocat**.
On sert tout de suite.

Sauce toute simple au tamari ● et sirop de Liège ●

De Liège à Tokyo, nous voici en pleine cuisine fusion, tant mieux pour les papilles.

Mixer au blender 4 c. à s. de **tamari** avec 2 c. à s. de **sirop de Liège** et 1 c. à s. et ½ d'**huile d'olive**.

Subtil avec une viande blanche.

Vinaigrette antirides à l'élixir de grenade ●

Mélanger 6 c. à s. d'**élixir de grenade** (magasins naturels) avec 1 **gousse d'ail** pressé (facultatif), 1 c. à s. de **sel de Guérande**, **poivre du moulin**, le jus d'1 **citron vert** et 5 c. à c. d'**huile d'olive**.

L'élixir de grenade et **le vinaigre de grenade** sont super basiques et très riches en **antioxydants**. Leur procédé de fermentation les rend encore plus *bombas* que le jus frais de grenade pressée.

Le vinaigre de grenade artisanal, que l'on trouve en Turquie pour 3 fois rien sur les marchés paysans, est une pure merveille. Il remplace sans rougir les vinaigres balsamiques italiens les plus fins. Alors, on profite des cures-détox de Martine en Turquie pour se faire le plein chaque année !

Vinaigrette toute douce à la mandarine ●○

Mélanger le jus de 2 **mandarines** avec 4 c. à s. d'**huile d'olive**, ½ pouce de **gingembre** râpé et ½ c. à c. de **sel de Guérande**.

Délicieux sur une salade verte (laitue-céléri vert) agrémentée d'oignons rouges et de quartiers d'ananas et de papaye.

LE COMPTOIR AUX ÉPICES

Quatre mélanges d'épices à poser sur la table, en alternance ou tous à la fois : subtils et gourmands, on se les offre aussi pour leurs vertus détoxinantes (coriandre), digestives (fenouil-gingembre-cumin) et/ou boosteurs de l'immunité (moutarde-curcuma-algues), leur teneur en oméga 3 et en acides aminés (algues) ou leur richesse en minéraux (algues-sésame).

On se les éparpille sur les assiettes pour leur donner une dernière touche glamour et pour diminuer la présence de sel.

1. Le Curry de Martine ○ ●

Piler grossièrement (au blender pour les pressés) 1 c. à s. de **grains de coriandre**, 1 c. à s. de **grains de moutarde**, 1 c. à s. de **poivre noir**, 1 c. à s. de **graines de fenouil**, 1 c. à s. de **poudre de curcuma**, 1 c. à s. de **poudre de gingembre** et 2 c. à s. de **sel**. C'est prêt.

2. Mélange d'algues au curry ● ○ ●

Mélanger 1 quantité de **Curry de Martine** avec la même quantité d'**algues** du pêcheur séchées en paillettes et pilées.

3. Mélange d'algues au poivre rose ● ○

Piler grossièrement et mélanger 1 c. à s. de **grains de coriandre**, 1 c. à s. de **grains de cumin**, 1 c. à s. de **paillettes de piments séchés** (piment d'espelette), 1 c. à s. de **baies de poivre rose**, 2 c. à s. de **sel rose**. Mélanger avec la même quantité d'**algues** en paillettes pilées.

4. Gomasio de sésame ● aux algues nori ●

Faire revenir à sec, dans une poêle, 5 c. à s. de **sésame complet** pendant 3 min en tournant sans arrêt. Piler et mélanger avec ½ c. à s. de **sel rose** et une feuille d'**algue** nori grillée sur la flamme de la cuisinière recto-verso pendant 20 sec de chaque côté et ensuite pilée finement (ou passée au blender).

5. Chutney aux ananas ● ● ○

Peler 1 **oignon rouge** et le couper en petits morceaux. Jeter les morceaux dans une casserole avec 3 c. à s. de **vinaigre de cidre**, 1 petit **piment vert** épépiné et ciselé (facultatif), 3 **abricots secs** hachés, 1 **pomme** et 2 verres de morceaux d'**ananas**, 1 c. à c. de **gingembre** râpé, ½ c. à c. de **grains de cardamome**, ½ c. à c. de **grains de cumin** et 1 c. à c. de **sel de Guérande**. Couvrir et laisser cuire à feu doux pendant 25-30 min. Se sert en accompagnement de céréales ou de viandes froides.

On peut remplacer l'ananas par de la papaye verte.

PETITE BIBLIOGRAPHIE
À METTRE ENTRE TOUTES
LES MAINS

ASSOCIATION MÉDICALE KOUSMINE, *La méthode Kousmine*, éd. Jouvence

BOURRE J.-M., *La diététique du cerveau, de l'intelligence et du plaisir*, éd. O. Jacob

CHENOT H., *Dynamisez votre capital santé par la biontologie*, éd. Presses de la Renaissance

COLLIN J., *L'eau, le miracle oublié*, éd. Trédaniel

COLLIN J., *L'insoutenable vérité de l'eau*, éd. Trédaniel

CURTAY J.-P. Dr, *La nutrithérapie. Bases scientifiques et pratique médicale*, éd. Boiron

DUFOUR A., *100 ans de jeunesse*, Presses du Châtelet

EMOTO M., *Messages de l'eau*, Hado Publishing

EMOTO M., *Le pouvoir guérisseur de l'eau*, éd. Trédaniel

JOYEUX H. Dr, *Changez d'alimentation. Prévention des cancers. Faut-il manger bio ?*, éd. De Guibert

LANZMANN-PETITHORY D. Dr, *La diététique de la longévité*, éd. O. Jacob

LAROCHE-WALTER A., *Lait de vache, blancheur trompeuse*, éd. Jouvence

ODENT M. Dr, *Les acides gras essentiels*, éd. Ligier

PERRON D., *Reconstruisez votre santé par l'alimentation vivante*, éd. Jalinis

PITCHFORD P., *Healing with whole food. Asian Traditions and Modern Nutrition*, Third Edition

SEIGNALET J. Dr, *L'alimentation ou la troisième médecine*, éd. De Guibert

SERVAN-SCHREIBER D., *Anticancer. Prévenir et lutter grâce à nos défenses naturelles*, éd. R. Laffont

STARENKYJ D., *Le mal du sucre*, éd. Orion

TEMELIE B., *La diététique des cinq éléments, mieux s'alimenter pour garder santé et vitalité au quotidien*, éd. Médicis

VASEY C., *Gérez votre équilibre acide-base, une vision complète*, éd. Jouvence

WHANG S., *Le secret de la longévité. Comment inverser le processus de vieillissement*, éd. Alphée

WEIL A. Dr, *Le corps médecin*, éd. Lattès

MU SIKH JON, *The Water Puzzle and the Hexagonal Key* et SHINGI MAKINO, *The Miracle of PI Water* sur le website www.jowsongrowth.com

ALIMENTS BASIQUES (Biogéniques – bioactifs)
ET ALIMENTS ACIDES (biostatiques – biocidiques)

On cherche à consommer en moyenne 75% d'aliments basiques (bioactifs-qui entretiennent la vitalité) et d'aliments très basiques (biogéniques qui génèrent la vitalité) et on essaye de limiter à 25% les aliments acides (avec quand même un bonus santé) ou acidifiants/biostatiques, qui n'ont aucun effet sur la vitalité. On élimine les aliments acidifiants/ biocidiques qui détruisent nos cellules et notre vitalité.

Ouf, on n'est pas des ayatollahs, on a encore le droit de sortir, de recevoir des invitations et de se garder des amis qui n'ont encore rien compris !

Pour les lendemains de la veille, on se fait un jour de détox (voir MCE).
Un métabolisme tout neuf. La jeunesse cellulaire, cela se mérite quand même !

Autre astuce pour entrer en douceur dans la méthode de Martine : on commence par supprimer les aliments biocidiques/acidifiants et diminuer fortement les aliments biostatiques/acidifiants. On les remplace petit à petit par les aliments des autres catégories en respectant la règle des bonnes associations, et c'est parti pour la (bonne) vie.

À scotcher sur son frigo !

ALIMENTS TRÈS BASIQUES – BIOGÉNIQUES

Légumes et fruits frais (-2 jours de récolte)
Graines germées et jeunes pousses
Jus de légumes frais
Eau alcaline, tisanes et extraits de plantes
Algues, avocat, verdures et aromates
Châtaignes et amandes
Huîtres

ALIMENTS BASIQUES – BIOACTIFS

Légumes et fruits frais (+ 2 jours de récolte)
Olives noires
Riz complet-quinoa-maïs
Légumineuses germées
Huiles vierges première pression
Épices et plantes séchées
Pommes de terre, œufs, poisson cru
Chitakés-pleurotes
Vinaigres de cidre et de grenade
Pêche, banane, pomme, poire, figue, mirabelles,
melon, pastèque, grosses fraises, raisins,
grenade, kaki, papaye, mangue, dattes, raisins
secs, mandarines
Laits végétaux et thé vert
Vin rouge (1 verre par jour max.)
Sucre intégral-sirop d'érable

ALIMENTS ACIDIFIANTS – BIOSTATIQUES

(à limiter, même bio)

Viandes rouges, charcuteries
Produits laitiers
Crustacés
Blé et dérivés, pain au levain et pâtes bio
Vin blanc et champagne
Eau gazeuse

ALIMENTS ACIDES

(à consommer avec modération et présentant
quand même un bonus santé)

Poisson cuit et poulet
Tomates, épinards, cresson, oseille,
champignons, asperges
Olives vertes
Rhubarbe, groseilles, cassis, framboises,
petites fraises, cerises, oranges de montagne,
pamplemousses, ananas avion
Autres céréales
Tofu et produits à base de soja
Pain complet au levain
Miel et autres fruits secs

ALIMENTS ACIDIFIANTS – BIOCIDIQUES

(à supprimer)

Viandes trop cuites et grillades style barbecue
Conserves et produits transformés-industriels
Aliments, fruits et légumes non naturels
Graisses trans/hydrogénées
ou partiellement hydrogénées
Ketchup, mayos et sauces industrielles
Sucre blanc et dérivés (aspartam et produits lights)
Céréales blanches/pain complet à la levure
Confiseries, pâtisseries, viennoiseries
Alcool, jus de fruits industriels, sodas,
eau du robinet, café, thé noir
Plats mijotés (pardon Maman !)

LES CURES DÉTOX À NIEUWPOORT (Belgique)

Face à la mer, de 4 à 8 jours de détox gourmande et de cours de cuisine axés sur les produits de la mer. De quoi intégrer techniques et tour de main de la cuisine de l'énergie, le tout en se faisant du bien.

Spa : hammam, enveloppements d'algues, bains bouillonnants aux huiles essentielles, chromothérapie, massages énergétiques drainants et détoxinants, atelier de reconditionnement physique sur la plage.

Groupe de 8 à 10 personnes.

LES CURES DÉTOX GOURMANDES SUR CAÏQUE EN TURQUIE DU SUD

Une semaine de cabotage énergétique et gourmand, les plaisirs du soleil et de la mer en plus, sur un magnifique 2 mâts, tout teck et mahagony, 10 cabines doubles. À bord : temps pour soi, conférences, points recettes, ateliers de reconditionnement physique type yoga ou Pilates, massages énergétiques.

Inscriptions

Individuelles
Groupes privés
Incentive d'entreprises

Renseignements :
www.cuisine-energie.be

TABLE DES MATIERES

Achevé d'imprimer en avril 2009
sur les presses de l'imprimerie Leën Print (Eupen).